SOMBRA DEL PARAÍSO

clásicos castalia

COLECCIÓN FUNDADA POR
DON ANTONIO RODRÍGUEZ-MOÑINO

DIRECTOR
DON FERNANDO LÁZARO CARRETER

Colaboradores de los volúmenes publicados:

Andrés Amorós. Farris Anderson. René Andioc. Joaquín Arce. Eugenio Asensio. Juan B. Avalle-Arce. Francisco Ayala. Hannah E. Bergman. Bernardo Blanco González. Alberto Blecua. José Manuel Blecua. María Josefa Canellada. José Luis Cano. Soledad Carrasco. José Caso González. Elena Catena. Biruté Ciplijauskaité. Evaristo Correa Calderón. Bruno Damiani. Cyrus C. de Coster. Albert Dérozier. José M. Díez Borque. Ricardo Doménech. John C. Dowling. Manuel Durán. José Durand. Rafael Ferreres. E. Inman Fox. Vicente Gaos. Salvador García. Luciano García Lorenzo. Yves-René Fonquerne. Joaquín González-Muela. Ernesto Jareño. R. O. Jones. A. David Kossoff. Teresa Labarta de Chaves. Carolyn R. Lee. Juan M. Lope Blanch. Francisco López Estrada. Luisa López-Grigera. Leopoldo de Luis. Felipe C. R. Maldonado. Robert Marrast. D. W. McPheeters. Guy Mercadier. Ian Michael. Miguel Mihura. José F. Montesinos. Edwin S. Morby. Luis Andrés Murillo. Joseph Pérez. John H. R. Polt. Antonio Prieto. Jean-Pierre Ressot. Francisco Rico. Dionisio Ridruejo. Elías L. Rivers. Leonardo Romero. Juan Manuel Rozas. Fernando G. Salinero. Margarita Smerdou Altolaguirre. Jean Testas. José Carlos de Torres. José María Valverde. Stanko B. Vranich. Frida Weber de Kurlat. Keith Whinnom.

VICENTE ALEIXANDRE

SOMBRA DEL PARAÍSO

Edición,
introducción y notas
de
LEOPOLDO DE LUIS

clásicos ⊃⊂ *castalia*

Madrid

PQ
6601
L26
S6
1976

SUMARIO

INTRODUCCIÓN
BIOGRÁFICA Y CRÍTICA

I. APUNTE BIOGRÁFICO DE VICENTE ALEIXANDRE

En la biografía de Vicente Aleixandre cobra importancia el círculo familiar, rodeando al poeta de un ámbito propicio. Como el traje espacial del cosmonauta lo recubre y protege de la acción de las leyes físicas, permitiéndole sin embargo los movimientos, el poeta se ha sentido favorablemente envuelto por la atención familiar, mediante cuidados solícitos que, a la vez, se mantuvieron respetuosos para con la personalidad independiente que reclamaba su libertad de creación. Diríamos, para entendernos, que entre Aleixandre y su círculo familiar fueron pronto pactadas y siempre cumplidas tácitas capitulaciones, proveyendo de armónica superación para inevitables contradicciones. En el ánimo joven pugnaban —habían de pugnar forzosamente— el hijo de una familia de alta burguesía (no se eligen sitio y circunstancia para el nacimiento; nos nacen, no nacemos) y el poeta que iba a revolucionar la poesía de su tiempo; el apasionado vitalista y el enfermo crónico; el paciente y el creador. Se me antoja que la aludida avenencia no es baladí a la hora de investigar los rumbos vitales y poéticos del hombre y del autor, como han visto ya algunos críticos,[1] pues es claro que se trata de una

1 Son interesantes a este respecto los dos ensayos de Luis Cernuda, fechados en 1950 uno y en 1955 el otro, que se recogen dentro de un volumen reseñado en la parte bibliográfica. Por mi parte, he

cuestión de temperamento, eso que condiciona tanto la creación artística al decir de Stendhal.

El "clan Aleixandre", pequeño y compacto, fue sólo, en el curso del tiempo, erosionado por la muerte. La solidaridad familiar, en convivencia ininterrumpida, se traba con los padres y sus dos hijos —Vicente y Concepción— y se mantiene hoy —verano de 1973— al cincuenta por ciento con los dos hermanos.

La casa paterna se abrió en Sevilla, en 1894, cuando el ingeniero industrial Cirilo Aleixandre Ballester, de 28 años, natural de Valencia, hijo de menestrales acomodados, contrae matrimonio con Elvira Merlo García de Pruneda, delicada muchacha de 22 años, perteneciente a una familia de la alta burguesía andaluza. La boda se celebra en Madrid, y el destino profesional del marido, en la red de los Ferrocarriles Andaluces, motiva la radicación sevillana. Tras esta nota de sociedad, nace una niña que vivió muy poco, y a los tres años y medio de matrimonio —26 de abril de 1898— el primogénito, al que se impondrían los nombres de Vicente Pío Marcelino Cirilo. Era la dramática primavera del 98, cuando el gabinete Sagasta hacía esfuerzos por enmendar antiguos errores que llevaron al país a la guerra con los Estados Unidos, dispuestos a beneficiarse en la bancarrota del viejo imperio.

Al año siguiente nace el tercer hijo, que fue niña: Conchita. En 1902, la familia se traslada a Málaga, y allí permanecerá siete años. La catástrofe colonial salpica el pensamiento y la literatura españoles de un criticismo que pone notas graves en una espléndida generación. El niño Vicente Aleixandre está aprendiendo sus primeras letras en la capital de la costa

---

intentado reflejarlo en el curso de mi amplia biografía del poeta, publicada en 1970, de la cual estas páginas sólo pueden ser una brevísima síntesis, y a la que me permito remitir al lector que desee conocer datos más pormenorizados.

andaluza —siendo condiscípulo de otro futuro poeta: Emilio Prados—, donde vive, hasta los 11 años, una infancia feliz. Dato importante, pues en toda su obra se revelará luego que, aunque poeta del dolor muchas veces, pesimista incluso, en ocasiones, subyace siempre un fondo nunca agrio ni agresivo, sino bondadoso y pacifista.

El clima benigno del Sur, el paisaje luminoso y grato, incluso —por qué no— la vieja cultura helénica mediterránea, dejaron larga huella en él. Parece que el sol aún curta su frente y que una diminuta gota azul aclare sus ojos. Son años aquellos malagueños que, en cierto modo, están preparando el proceso creativo de buena parte de su obra y, concretamente, del libro *Sombra del paraíso,* recogido en este volumen. Un poeta que leyó de joven a Freud y que se interesó por el *surrealismo,* no es extraño que elabore en alguna medida su poesía con materiales de sueños y de memoria infantil.

Cuando el *modernismo* es ya un lujo ornamental en las ediciones poéticas, Vicente Aleixandre llega a Madrid para empezar el Bachillerato. Es año —1909— de guerra en Melilla, con la "Semana trágica" de Barcelona. Benavente estrenaba *Los intereses creados* y Juan Ramón Jiménez andaba entre *Elegías puras* y *Laberinto.* El tercer cuartel familiar de los Aleixandre se fija en el Barrio de Salamanca. La segunda enseñanza la cursará el niño en un colegio seglar de la Carrera de San Jerónimo, esquina a la calle Ventura de la Vega. Así como la escuela primaria malagueña aflora en un poema de *Historia del corazón,* algunas evocaciones de la nueva época escolar se harán sustancia poética para el mismo libro. Exámenes en el viejo instituto de la calle de Toledo y título de bachiller en 1913, para ingresar en la Facultad de Derecho y simultanear los estudios con los de Intendente Mercantil que concluye en 1919.

La familia ha realizado ya numerosos viajes: Portugal, Francia, Inglaterra. Y, por supuesto, distintas regiones españolas, con estancias frecuentes en los balnearios de reposo veraniego y curas por hidroterapia. La inclinación hacia la jurispericia y la técnica económica parecía evidente, con satisfacción paterna que gestiona brillantes empleos en empresas ferroviarias para el que fue estudiante aventajado. Al mismo tiempo, ejerce como profesor encargado de curso en la asignatura de Derecho Mercantil, de la Escuela de Comercio, y colabora en una revista financiera. Sus lecturas de entonces son historia (Lafuente) y novela (Galdós). Poco después, todos los realistas del xix y el teatro clásico, hasta aficionarse por los prosistas del 98. Fronteras afuera, Dostoievski y los dramas románticos de Schiller.

Todo este período vital de Aleixandre es una suerte de caminar oculto hacia lo inesperado. Camino que atraviesa zonas de dolor físico: una artritis infecciosa en 1922; una nefritis tuberculosa en 1925; recaída en 1931; intervención quirúrgica con ablación, en 1932; nueva recaída en 1937. Como consecuencia, en 1925 cesa la reciente actividad profesional, y una vida de reposo y de cuidados clínicos restringe la libertad de movimientos, hasta llegar a trascender más tarde, ya famoso el poeta, en una especie de leyenda patológica para el conocimiento general. La verdad es que, con los naturales lapsos, Aleixandre ha mantenido y aún mantiene un ritmo de trabajo intelectual activo, y ha realizado viajes, pronunciado conferencias, sostenido tareas de amistad y vigilado sus propios asuntos.

Pero si las enfermedades abortaron la incipiente profesión del letrado economista, provocando una crisis física y espiritual, la insólita desembocadura del primer camino comenzó a vislumbrarse en 1917. Porque nada es casual, mas todo requiere un clima, un momento propicio para que casen bien las piezas del "puzzle" que, al fin, vamos a ser. El verano de aquel año se produce un encuentro que, en mi libro biográfico de Aleixandre, he comparado por su trascendencia para la poesía española, con el de Juan Boscán y Andrés Navagero en la Granada del siglo XVI. Vicente veraneaba en el pueblecito serrano de Las Navas, de la provincia de Ávila, y allí entabló amistad con otro joven de sus mismos años: Dámaso Alonso. De aquellas charlas nacerá la curiosidad de Aleixandre por la poesía y su entrada en el mundo de la expresión poética, animado por la fervorosa palabra amiga. El campo de lecturas se ensancha al instante, se abre pronto a la obra de numerosos poetas. Rubén Darío y Bécquer, los primeros. Pero pronto también Maragall y los contemporáneos españoles y franceses. Algo más tarde, el romanticismo francés y alemán. Sin duda, sus conocimientos de idiomas facilitaron el acceso.

Aleixandre encuentra su bautismo literario en la *Revista de Occidente*, de tan alta importancia en la cultura española contemporánea. En ella apareció su primera colaboración poética, en 1926. En 1924 había comenzado a escribir los poemas de *Ámbito*, libro inicial que vio la luz en la malagueña *Litoral*, de Emilio Prados —su antiguo condiscípulo— y Manual Altolaguirre. Puede decirse que se integra, por edad, por temperamento, por estética y por amistades personales en el grupo de la luego llamada —y luego admirada— generación del 27. Se comunica cordialmente con Alberti, con Cernuda, con García Lorca, con los dos malagueños. Lee a Freud y a Joyce. Interviene en el centenario gongorino. Publica en las revistas vigentes.

Es obvio que la más notable presencia aleixandrina se inscribe en la tercera etapa de la generación del 27: la que crea un peculiar surrealismo, no enteramente vinculado a la ortodoxia bretoniana, pero tampoco tan ajeno y distinto como algunos críticos pretenden. El movimiento *surrealista* (palabra traducida al español, con frecuencia, como *superrealista*) de los años veinte, es uno, y dentro de él existe la corriente española, con variaciones respecto de la francesa pero, lógicamente, concomitante. [2] En esa corriente son libros clave *Pasión de la tierra,* escrito entre 1928 y 1929, *Espadas como labios,* que data de 1930-1931, y *Mundo a solas,* iniciado poco antes de la guerra civil de 1936. Y ostenta calidad de pieza príncipe uno de los más hermosos libros de la poesía surrealista —sin distinción de países— y aun de la poesía amorosa de todos los tiempos: *La destrucción o el amor,* iniciado en 1932 y terminado en 1933, año en el cual le fue otorgado el Premio Nacional de Literatura.

Casi toda esta obra —y casi toda la posterior— se ha escrito entre las acogedoras paredes de la casa Velingtonia, 3, habitada por la familia desde 1927. Una colonia apartada, en las afueras de Madrid, por los altos de la Moncloa, donde un Real Decreto de aquel mismo año disponía la planificación de la futura Ciudad Universitaria. Poco antes, el padre se había proporcionado la casita de Miraflores de la Sierra, para atender a la curación del hijo enfermo. Nueve años después, la guerra civil centró sus frentes de asedio y defensa de la capital en el Guadarrama y en la propia Ciudad Universitaria, por lo que los Aleixandre hubieron de salir de aquellos queridos y familiares rincones. Los Aleixandre ya no eran sino tres: doña Elvira, la madre, había muerto en 1934. Fue el primer encuentro del poeta con la muerte, que le rondó a él mismo, y dio origen, años más tarde, a un poema ("El otro dolor") inserto en *Historia del corazón.*

La enfermedad acosa de nuevo por los años 37 y 38. Algunos amigos continúan visitando al poeta en el Madrid de la contienda. Neruda, Alberti, Antonio Aparicio, Miguel Hernández... Sobre todo este último, que guardó siempre por Aleixandre afecto de hermano menor, y que le dedicó su libro *Viento del pueblo* con aquella hermosa dedicatoria que comienza: "Vicente:

[2] No es del caso abordar aquí el tema, máxime cuando no voy a ocuparme concretamente de los libros más surrealistas de Aleixandre. He escrito algo sobre ello en el n.º 109 de la *Revista de Occidente,* al comentar la aparición de la antología de poesía surrealista de V. A.

Vicente Aleixandre.
Foto J. Alcón.

Estado actual de la casa en que nació el poeta,
en Sevilla, Puerta de Jerez.

a nosotros, que hemos nacido poetas entre todos los hombres, nos ha hecho poetas la vida junto a todos los hombres". Si a la muerte de Lorca escribió Aleixandre una semblanza, aparecida en la revista *Hora de España,* a la muerte de Miguel Hernández escribió una "Elegía", publicada en unos cuadernos de 1948 e incorporada a *Nacimiento último,* así como también varias páginas para *Los encuentros.*

En 1939, víctima de bombardeos y cañonazos, la casa de Velingtonia es una triste ruina. Aquel mes de septiembre —primer otoño de la postguerra— comenzó a escribir poemas para lo que sería *Sombra del paraíso.* Abrió el año 1940 habitando en el número 2 de la avenida de Reina Victoria, y allí, el 9 de marzo, vio el poeta morir a su padre, con quien siempre convivió. El clan Aleixandre mermaba, pero no se desmoronaba. Los hermanos reconstruyeron Velingtonia, 3, y el ambiente familiar, ileso, sobrevivió y sobrevive.

Sombra del paraíso recoge el poema dedicado a la muerte del padre, poema que permite comprender mucho de lo insinuado al principio de estas páginas, y que establece, con otros coetáneos, el paso de la visión de la materia cósmica a la visión de la materia humana, dentro del coherente mundo poético aleixandrino.

Aleixandre vino a convertirse por entonces en el maestro de unas generaciones jóvenes que, confusas, tras la experiencia bélica, buscaban orientación. Ha ejercido siempre ese magisterio de manera sencilla; no fulminando sentencias, sino compartiendo inquietudes. *Sombra del paraíso* es el milagro de los años cuarenta. Por él, la poesía vuelve a ser hermosa y vuelve a no ser solamente hermosa. (" ¡Ay del poeta que ante todo busca la belleza! El que quiera salvarla la perderá", ha dicho él mismo). [3] Frente a un mero esteticismo triunfalista, era necesario rescatar la poesía como pasión y como problema; como pugna hacia la luz y

---

3 "Poesía. Moral. Público". *Obras Completas,* p. 1.570.

como esperanza. También como moral, porque —según ha escrito— cada día está más claro que toda poesía verdadera lleva consigo una moral. *Sombra del paraíso,* de Aleixandre, y el libro de Dámaso Alonso *Hijos de la ira,* son las dos grandes deudas que la juventud de postguerra tiene con el 27.

Las segundas ediciones de *La destrucción o el amor* y de *Pasión de la tierra,* aparecieron, en Madrid, en 1945 y en 1946. La influencia de nuestro autor en España y en Hispanoamérica, se extendía. La Academia Española de la Lengua, en sesión del 30 de junio de 1949, le eligió como académico de número, y el 22 de enero de 1950 leyó el discurso de ingreso. Viajes a Inglaterra, para leer en Londres y en Oxford. Conferencias en Barcelona, Marruecos, Valencia, Canarias. Publica *Nacimiento último.* Escribe *Historia del corazón, Los encuentros, En un vasto dominio.* Varias revistas le dedican números de homenaje y la joven colección El Bardo publica *Retratos con nombre,* reuniendo piezas de 1958 a 1965. También las ediciones americanas y las traducciones, se prodigan.

El último libro editado lo fue en 1968 *(Poemas de la consumación)* con la distinción honorífica de la Crítica literaria. El libro ,inédito [3 bis] *(Diálogos del conocimiento)* está aún —cuando se escriben estas líneas— entre las manos del poeta, quien prosigue su tarea constante y exigente. Ha cumplido 75 años (abril de 1973) y las distintas generaciones coexistentes continúan reconociéndole un magisterio tan fecundo como vivo y actual.

II. La poesía de Vicente Aleixandre

Conveniencias críticas han hecho frecuente la acotación de dos grandes zonas o épocas en la obra de nuestro poeta. Soslayando el libro inicial, *Ámbito,* quizá más de la cuenta, inclúyense en la primera los

[3 bis] Este libro ha sido publicado en 1974.

publicados hasta 1953, e instálanse en la segunda los sucesivos. Atribúyese a aquéllos la visión cósmica y confiérese a éstos la visión humana. Céntrase la protagonización de una en la naturaleza misma y de la otra en el vivir humano.

Una relectura de la obra completa puede convencer del exceso de simplicidad en el distingo, y de la precisión de matizar más las diferencias, deteniéndose a la vez en las afinidades. Errará quien, confiando demasiado en la dicotomía, suponga una escisión tajante. El mundo poético aleixandrino, vasto y profundo —como de gran poeta—, se desarrolla coherentemente y sus varios aspectos, lejos de contradecirse, se complementan e imbrican. Buen poeta y gran poeta no son, en rigor, grados de una escala de calidad, sino cosas distintas. El buen poeta puede mostrar, aisladamente, piezas de tanta calidad, acaso, como otras del gran poeta; pero carece de un mundo poético trabado, donde se registre una comprensión total y propia de la vida. Es sólo el gran poeta quien crea un mundo así, completado armónicamente por su obra total, ninguna de cuyas piezas flota exenta, sino coeficientes todas a la progresión del orbe propio.

"Si un pensamiento central implícito existe en la obra del poeta —ha escrito el mismo Aleixandre—[4] acaso sea el de la unidad del mundo. Mundo que bajo las formas diversas con que se nos aparece a los ojos, está reducido a una substancia única que el poeta llama amor." Útil será que agreguemos en seguida esta definición que nos ha dado de *amor*:[5] "un intento de comunicación con lo absoluto". Y, en un poema de *Sombra del paraíso,* esta otra: "cósmico afán del hombre".

Con estas declaraciones por delante, cabe decir que el mundo poético aleixandrino está proyectado, sin posible distinción de épocas, bajo especie amorosa, y

---

4 "Dos poemas y un comentario". Revista de Estudios Americanos. Sevilla, 1951. Recogido en *Obras Completas,* p. 1.562.
5 "En la vida del poeta: el amor y la poesía". Discurso de ingreso en la Academia. Madrid, 1950. Recogido en *Obras Completas,* p. 1.322.

es el universo en su totalidad: los astros, la naturaleza, las fuerzas telúricas, la elementalidad de los seres vivos y, por supuesto, el hombre, lo que se hace visible a través de ese prisma. Por una parte, todo será una "comunión con lo absoluto", una integración, merced a esa fuerza avasalladora y totalizadora. De otra parte, el hombre se fundirá con (con-fundirá) todo, en su anhelo vehemente de aprehender el milagro del cosmos.

Tal vez se advierta que para interpretar la obra completa de Aleixandre —sus dos pretendidas zonas— tomo un texto de 1951, esto es: de la llamada primera época, [6] pero la verdad es que cuando se escribió ese texto, el libro *(Historia del corazón)* que marca la supuesta segunda época llevaba escribiéndose seis años de los ocho que en su creación se invirtieron (1945-1953), y se había concluido una veintena de sus poemas, esto es: el cuarenta por ciento de la obra. Además, es obvio que la declaración cuadra perfectamente con la visión solidaria y la concepción de unidad de la materia que hallaremos en la otra pieza importante de la llamada segunda época *(En un vasto dominio)*.

Es posible interpretar desde la poesía de Aleixandre que, en el universo, se debaten la cohesión o fuerza amorosa, y un elemento destructivo. La síntesis acaso sea la conciencia humana de ese amor y de esa muerte. De ahí que la creación poética aleixandrina pase de las fuerzas ocultas y caóticas *(Pasión de la tierra)* a las apasionadamente eróticas *(La destrucción o el amor)*, a la naturaleza pura *(Sombra del paraíso)*, a la tierra como madre unitiva *(Nacimiento último)* y a la peripecia humana *(Historia del corazón)*. Luego, constata la identificación de la materia que emerge como vida del hombre, física, social e históricamente considerada *(En un vasto dominio)* y, por fin, con-

---

[6] Más adelante, al comentar el libro *Sombra del paraíso,* yo mismo rebajo el valor de una declaración del poeta como exponente para juzgar el libro entero, pero en ese caso me parece que sí se produce un desajuste de fechas.

templa la consunción de la propia conciencia, con el agotamiento físico *(Poemas de la consumación)*.

La línea evolutiva no es, por supuesto, uniforme, sino de quebradas y zigzagueos, pues en una obra poética se dan aspectos múltiples —y, sobre todo, se da una serie de ensayos de fórmulas expresivas— que la alejan de ser un fácil espejo para el núcleo central. La fuerza vitalizadora de la obra conjunta se acusa en todo instante, mas entremezclada con variaciones temáticas, tesituras diferentes y cauces distintos. (En la interpretación de Carlos Bousoño se habla de distintos ángulos de visión, con una misma pupila totalizadora). Las sucesivas actitudes del poeta, la ineludible huella temporal y la plausible renovación en cada lapso creativo, hacen que seguir una motivación radical y substanciadora en el decurso de una, por suerte, dilatada vida poética, no sea un paseo militar, sino la participación de una ardua contienda.

La obra de Aleixandre comienza con un libro —*Ámbito*— de gran belleza, comunicado con el aire escueto y puro de la lírica epocal. Tras la importancia de la obra posteriormente creada, es comprensible que hoy se vea en él, sobre todo, su valor de empadronamiento. Pero, aparte de la categoría del lenguaje metafórico, con riqueza gongorina a veces (no se olvide que fue escrito en tiempo de centenario ostentoso) no es imposible encontrar en sus poemas anticipaciones de aspectos que culminaron luego. El paisaje y, en él, el paso de las sombras a la luz —noche, alba— suenan familiarmente a un lector de *Sombra del paraíso,* sin que disuene tampoco el vocabulario, aunque —naturalmente— no haya encontrado aún la imantación sorprendente que luego le caracteriza. Un poema como el titulado «Forma», podría muy bien ser la primera versión de «El pie en la arena», escrito para *Sombra del paraíso* en 1943. Expresiones como "flores húmedas / casi de carne son", "palabras que se tocan con los labios", o bien "tu cuerpo al fondo tierra me parece", armonizan en la dilatada poesía erótica de libros siguientes y, en un contexto de ilación relativamente lógica, la ruptura del poema "Cruzada" adelanta la poetización irracionalista.

Es obvio que en *Ámbito* el mundo poético no está todavía ni siquiera esbozado. Ese paso se dará tras una importante crisis, humana y poética. Grave enfermedad, estrechamiento de amistades con sus compañeros de generación, lecturas de Freud y de Joyce. El poeta sentirá con vehemencia la precisión de expresarse de otra suerte, y acometerá la tanteante, la casi angustiosa escritura de *Pasión de la tierra* (*Evasión hacia el fondo*, llamóse primeramente, lo que no deja de ser significativo), cortando toda amarra con la poesía tradicional y dándonos una lírica caótica, una materia poética en ebullición, que tiene mucho que ver con residuos oníricos y con la liberación del subconsciente. Hemos entrado en el campo del *surrealismo* (*superrealismo*, traduce la mayoría de los críticos, siguiendo a Dámaso Alonso; *suprarrealismo*, tradujo don Antonio Machado), y en la controvertida cuestión de si el término es apropiado para la obra de Aleixandre. Se ha dicho que la obra de esta línea es, en los poetas del 27, anterior a sus noticias sobre la escuela de Breton. Por lo que respecta a Aleixandre, en mi estudio biográfico reiteradamente aludido, creo haber demostrado que no es así. Se ha dicho que los poetas españoles no cumplieron plenamente los postulados básicos de la escuela. La verdad es que pocos franceses los cumplieron tampoco con rigor. Aleixandre mismo, parte bien implicada en el tema, ha ordenado una antología de su obra bajo el concreto marbete [7] y ha publicado un poema titulado «Funeral», [8] a la muerte de André Breton, que resulta sintomático.

Creo que Vicente Aleixandre no solamente es un poeta surrealista en buena parte de su obra, sino que es, con Paul Eluard, el más humano y agónico poeta

[7] "Poesía superrealista. Antología". Libros de Enlace. Barral Editores, Barcelona, 1971.

[8] Recogido en *Obras Completas*, p. 1.144.

del surrealismo. Lo que a mi entender acontece es que Aleixandre se volcó, desde el primer momento, más al aspecto humanístico que el surrealismo anima, que al aspecto de agitación exterior. En efecto, la escuela —o el movimiento— surrealista se propuso no sólo un cambio en la estética, sino también en la sensibilidad y en los conceptos morales. Para llevar a cabo su propósito, los surrealistas —sobre todo los franceses— no vacilaron en ir más allá del ámbito poético y artístico, dando continuos golpes de mano, por así decirlo, en el campo de la vida literaria y en el de la sociedad de su tiempo. Estas escaramuzas consistían en exhibicionismos, muchas veces histriónicos, y tenían por objeto el famoso "épater le bourgeois". El superrealismo de Aleixandre se situó siempre en una zona que llamaríamos *seria*. Aunque algunas veces sus versos echan mano del sarcasmo, la poesía aleixandrina se abstiene de toda pirueta y no participa del histrionismo. Probablemente, esto ha motivado que tampoco la poesía surrealista de Aleixandre caiga en el reiterado uso de un léxico que la escuela puso de moda y casi estereotipó, despersonalizándolo. Otra diferencia estriba en la consecuencia de la sobrerrealidad. El surrealismo trasciende la realidad, pero ésta puede resultar tanto exaltada cuanto humillada. El surrealismo más ortodoxo, más beligerante, esto es: el primer surrealismo —sabido es que tuvo varias etapas—, por su propia naturaleza catastrófica, tiende a lo peyorativo; sus imágenes son, de sólito, deprimentes, lacerantes y corrosivas. En la obra de nuestro poeta, lo real, si muchas veces enruinecido, emerge otras muchas sublimado. Por otra parte, sobre las olas de la buscada demolición, el surrealismo más de escuela suele mirar la espuma alegre de una supuesta libertad plena, en tanto que sobre el mar surrealista de Aleixandre gravita la cerrazón de un pesimismo existencial. A través de la dilatada obra de cuarenta años, creo que se constatan todos estos matices precisamente en la contradicción —típicamente surrealista, en el fondo— entre el idealismo sublimador y el realismo materializador que chocan pugnaces por unir en último extremo entidades inconciliables, ya sean la destrucción o el amor, ya sean el ansia vitalista y el nacimiento último.

Las causas de esta tesitura que he calificado de *seria* y que distingue a este poeta de otros cultivadores del surrealismo, pueden residir en el temperamento personal o en las circunstancias vitales. Quizá en uno y en otras, ya que asimismo éstas han de influir en aquél. Agreguemos que el surrealismo abarcador de la integridad del poema, es abandonado por Aleixandre a partir de *Mundo a solas,* esto es: desde la postguerra, hecho que debería ser analizado —aunque en modo alguno podamos ni intentarlo ahora aquí—, ya que absolutamente ningún fenómeno de la vida ni de la cultura pueden resultar indemnes a la experiencia de una guerra civil. Pero lo que me interesa señalar en este punto es que no hace falta mantener íntegramente los procedimientos para que trascienda desde las imágenes un aire de aquella manera de hacer y ese aire se percibe muchas veces en los sucesivos libros posteriores, incluso en *Sombra del paraíso,* como más adelante apuntaremos.

La poesía de Aleixandre supone, en el fondo, una pugna por la libertad del hombre, aprisionado por condicionamientos injustos, sujeto y víctima de pasiones y condenado a la consunción de su materia. Su sola liberación puede que no sea otra que la extensión de sus propios límites para fundirse con la materia única. Pero, entretanto, un entramado impuesto carga sobre su vida la angustia de arbitrarias exigencias y convencionalismos alienantes. Por eso, en zonas de su obra tal *Espadas como labios*, aparece un matiz ya amargo, ya irónico de repulsa para la sociedad coaccionante. En otros libros, como *Mundo a solas,* impera la desolación de un mundo donde el desamor reduce la existencia humana a resto ultrajado. Y en *Historia del corazón,* la penosa ascensión de un camino difícil —la propia existencia— encuentra compañía, y el individuo se identifica y reconoce en el vivir general y solidario.

Esta poesía comporta una moral: la de sentirse integrado en un mundo común, la de reconocerse en los demás, en una libertad hacia lo unitario. Supone también un sentido religioso (de una religiosidad que proviene de la moral, y no a la inversa), aunque el dios de estos poemas es la fuerza cósmica en la que el hombre se sumerge definitivamente, y allí encuentra vida. [9]

En un proceso de objetivación, ha llegado Aleixandre a sus *Retratos con nombre*, esto es, a la vida concreta de los demás. "El ojo reluce y ama: aséstase", dice en un verso. El ojo brilla con amor y lanza su mirada creadora certeramente dirigida al objeto. Los hombres son materia humana con destinos individualizados que se enredan o alcanzan, y la pupila del poeta se dirige —aséstase— a cada una de esas vidas reales. Hace muchos años que Vicente Aleixandre declaró la vocación mayoritaria de su poesía, dirigida a lo permanente del hombre: "No a lo que refinadamente diferencia, sino a lo que esencialmente une", [10] fueron sus palabras. Pero, ¿qué es lo que esencialmente une? En aquel entonces, Aleixandre aclaraba: "El amor, la tristeza, el odio y la muerte son invariables". Ante libros posteriores acaso cabría añadir que esas pasiones y ese destino último se dan en una circunstancia histórica, condicionados por un *aquí* y un *ahora*. La vida siempre es *ahora,* en frase de Ortega, y Aleixandre lo demuestra en sus poemas-retratos. El hombre no tiene más que su historia, cuya elaboración reside en sus propias manos; la realidad se forma con la acción humana, según este verso suyo: "lo que él hizo está hecho y lo que quiso puede".

---

9 Sobre el panteísmo en Aleixandre no puedo extenderme aquí. He tratado el tema en mi citado libro biográfico, señalando el antecedente de su "nacimiento último" en algún erasmista español.

10 "A la segunda edición de *La destrucción o el amor*". Confidencia literaria en la revista "Entregas de Poesía". Barcelona, 1944. Recogido en *Obras Completas*, pp. 1.439 a 1.445.

Consecuencia congruente de dos concepciones aleixandrinas: la panteísta de *Nacimiento último* (entre
otros libros suyos) y la materialista de *En un vasto
dominio,* surgen los *Poemas de la consumación,* fruto
de meditaciones ante el apagamiento del vivir. Se identifican juventud y vida, siguiendo la exaltación de la
belleza, del desnudo y de la elementalidad de los libros
primeros, constatando que "vida es ser joven y no
más", y tras la juventud todo es destrucción lenta. No
melancólica ni elegiaca, sino grave y constatadora visión de la muerte, que si es silencio, puede ser una
palabra no dicha. Mas las palabras dichas por el poeta,
perduran: "Alguna vez, acaso, resonarán ¿quién sabe? /
en unos pocos corazones fraternos".

Si en su temática o, mejor, motivación honda, la
obra de Vicente Aleixandre muestra —según creo—
una evolución consecuente, en su creación de fórmulas expresivas ha dado origen a un estilo, muy personal, renovando, y aun revolucionando, el lenguaje
poético. Desde el versículo de ritmo peculiar hasta la
imagen de rica multiplicidad de planos, pasando por
una larga serie de originalidades sintácticas y léxicas,
los rasgos estilísticos requerirían, a lo largo de toda
su obra, un estudio particularizado. [11] Por lo que respecta a estas páginas, he procurado llamar la atención
sobre aquellos ejemplos más característicos de las pe-
culiaridades esenciales, en los comentarios a los poemas del libro objeto del presente volumen.

III.   "SOMBRA DEL PARAÍSO"

1.   *Interpretación*

Coincide la crítica en ver *Sombra del paraíso* como
un libro de gran belleza, tendente a reflejar un mundo
soñado que ansía lo puro y elemental, evocando a

────────

[11] El lector interesado debe consultar, como fundamental en este
punto, el libro citado de Carlos Bousoño, así como los trabajos de
Concha Zardoya.

través de los recuerdos infantiles una suerte de alba del universo. Mágico edén donde el poeta vivió y ahora "recuerda sin saberlo", dijo de él su propio autor en una muy usada carta a su amigo y crítico Dámaso Alonso. Perturbador de tan radiante sueño, el hombre, que debería ser armónico elemento, deviene mancha impura. Y el amor pasa idealizando la belleza sensual, entre seres desnudos que gozaron la irreal ventura, dejando triste espuma como estela de la gloria perdida.

Se ha hablado, frente a este libro, de una huella roussoniana, que podría verse tanto en la idea de una sociedad corruptora del hombre, cuanto en la vuelta a la naturaleza. No olvidemos que el poeta proviene de las experiencias surrealistas y que, para un crítico como Maurice Raymond (*De Baudelaire au surréalisme*, París, 1940), los surrealistas aprenden la mística de la naturaleza en Rousseau. Se ha hablado también de un neorromanticismo, lo que tampoco es de extrañar, puesto que el mismo aire arrebatado sopló en los libros precedentes de nuestro poeta. De estirpe romántica son las fuerzas extrahumanas que arrastran el destino amoroso y trágico en estos poemas, así como la relación que se establece entre lo soñado y lo real, y las imágenes concéntricas y tendentes a lo interior telúrico y a la fusión de alma y paisaje.

La aproximación a la lírica romántica alemana, y concretamente a Hölderlin, fue señalada por Luis Cernuda en un ensayo de 1955, [12] considerando el juicio como descubrimiento ("nadie ha aludido a ello", escribe). Sin embargo, estaba ya dicho por Carlos Bousoño desde la primera edición de su importante libro (1950). Una filosofía panteísta induce a la fusión vital de la naturaleza y el ser humano, en luminosas huellas por panoramas radiantes, o adentrándose en el poderío

---

12 Artículo aparecido en *México en la cultura,* revista editada por el diario "Novedades", el día 30 de octubre de 1955. Recogido en el volumen *Crítica, Ensayos y Evocaciones.* Biblioteca Breve. Edit. Seix Barral. Barcelona, 1970.

cósmico de la noche y del mar. El temperamento del poeta posee como un radar genial para las vibraciones del universo armónico.

Los elementos exteriores que han movido la sensibilidad de Aleixandre han sido los paisajes andaluces del sur, a los que se unió en años de gozo la infancia del poeta. Por ese hilo —onírico y en cierto modo freudiano— se llega al ovillo de la imaginada "edad de oro", creación mítica de muchas literaturas, que si en otros poetas tiene soportes en rastros clásicos o en evocaciones del mundo helénico, en Aleixandre los encuentra en su propia memoria y en la posible influencia del ámbito geográfico donde vivió, como si se confirmase en alguna medida la teoría del medio que, anticipada por Stendhal, desarrolló Hipólito Taine. [13] Esta influencia del medio, a veces es de evocación física: el mar, las playas, las montañas; a veces es de impregnación ambiental: la suave brisa, la luminosidad destellante, el perfume efundido; a veces es de substrato culto: elementos paganos, rastros de simbología mitológica. Los poemas eluden toda referencia culturalista y toponímica porque, en verdad, el propósito del poeta no es construir un himno que ensalce los paisajes, sino utilizar éstos como esquemas felices en su creación de la soñada "edad de oro". La diferencia es obvia: un poeta puede cantar su infancia y, al hacerlo, recordar los lugares por los cuales pasó de niño. Un poeta puede crear, desde un transfondo de memoria infantil, un canto a la belleza elemental, a la juventud, al amor, a la libertad perdida. Éste es el caso.

"Un edén que se recuerda sin saberlo, habitado idealmente", volvemos a leer en la carta autoexegética. Todo esto ha propiciado el deslizamiento de los comentarios sobre el libro por las vertientes de lo bello, lo

---

[13] Consuelo Berges, en el volumen titulado *Stendhal. Una interpretación sensual del arte* (Cuadernos Marginales 27. Tusquets Editor. Barcelona, 1972) ha recordado esta anticipación seleccionando, traduciendo y prologando páginas de Beyle que resumen sus ideas al respecto.

melancólico y lo nostálgico. Vertientes no equivocadas, pero tampoco únicas, según pienso.

José Luis Cano, a quien se deben varias hermosas páginas en torno a esta obra, [14] pone singular énfasis en el sentimiento amoroso, romántico por nostálgico, pero clásico por exento de desesperación —viene a decirnos—. Una melancólica pérdida de la juventud como paraíso del que ya no se goza, y un amor triste —por pasado— y serenamente cantado.

Es obvio que todos estos juicios se abonan por la precitada declaración aleixandrina, pero, a su vez, vienen por ella condicionados. Porque los críticos han hecho reiteradamente uso del contenido de tal carta para juzgar *Sombra del paraíso*. En mi opinión, no debe tomarse como prueba irrefutable de fáciles exégesis, y ello por tres razones.

En primer lugar, se trata de un documento fechado el 19 de septiembre de 1940, [15] y en aquella fecha Aleixandre sólo había escrito siete de los cincuenta y dos poemas que componen el libro. Parece claro que no cabe extender a toda una obra comentarios emitidos frente a menos del catorce por ciento de su total. Si acaso, podrían tomarse como declaración de propósitos, para comprobar en qué medida se confirmaron éstos.

En segundo lugar, las declaraciones de los poetas en torno a sus propias obras deben examinarse siempre con reservas. Son complejos los vientos que pueden impulsarlas, y los más sencillos soplan desde un sentimiento subjetivo y momentáneo. Si a un poeta se le requiere para que hable dos veces sobre la razón de un poema suyo, es muy probable que cada vez monte un "cuento" distinto, lo que en nada lesiona la veracidad del poema ni la sinceridad de ambas versiones, acaso las dos válidas. Además, el poeta es por naturaleza proclive a hacer poesía sobre la poesía

---

14 *La poesía de la generación de 1927*. Guadarrama, Madrid, 1970.
15 Carta publicada en la revista *Corcel*, de Valencia, números 5-6. Recogida fragmentariamente en *Obras Completas*, pp. 1.560-1.561.

—ahí están, para probarlo, tantas y tantas *indefiniciones* de la palabra misma—. Por si fuera poco, no cabe omitir las circunstancias en que se formulan unas declaraciones: causas de vario matiz pueden aconsejarlas dentro de unos u otros márgenes; al autor tal vez le importe destacar en un instante dado determinado matiz, y no otro, e incluso puede querer echar por la calle de en medio de lo evasivo. Eso sin contar con los casos —no muy excepcionales, aunque no sea el que nos ocupa— de poetas no del todo conscientes de su propia creación.

Por último, creo que refuerza mi postura de reservas el hecho de que el mismo Vicente Aleixandre, al incorporar el famoso documento epistolar a sus *Obras Completas,* haya suprimido varios párrafos —precisamente todos los que aludían al "mundo paradisíaco del que vienen los poetas", a la poetización como "recuerdo sin saberlo", al "trasmundo en que nací", al poeta como "dios caído que se acuerda de los cielos", y otras vaguedades a las que se han atenido, creo yo que con exceso, algunos comentaristas—, modificando también alguna que otra expresiones de los párrafos subsistentes.

Es verdad —eso sí, y repitámoslo— que las antiguas vivencias afloran en *Sombra del paraíso* con su idealización de un orbe infantil, y asimismo que esa pureza primitiva alcanza a una visión del mundo natural. Pero hay un contraste de situaciones reales con sueños y deseos, y es la presión de las circunstancias lo que compele a retroceder hacia lo perdido. En toda poesía de recuerdos hay dos tiempos reales: el que se recuerda, que se idealiza, y aquel en el cual se escribe, que se dramatiza. Esos dos tiempos han de tenerse en cuenta al juzgar este libro de Aleixandre, y si siempre se alude al primero, me parece que se olvida el segundo. Por eso, comparto la mayoría de los juicios que vienen rodeando la obra, pero me parece prudente salir al paso de cualquier eventual deducción que suponga una poesía evasiva y atemporal, puesto que falta el contrapeso necesario de ese segundo plano de lo contingente.

Con posterioridad a la carta aludida, Aleixandre ha escrito otras declaraciones en torno a *Sombra del paraíso*. Recordémoslas: que "intenta ser un cántico a la aurora del mundo, *desde el hombre presente*"; que es "un canto a la luz, *desde la conciencia de la oscuridad*", y que se trata de "la visión de la aurora, como un ansia de verdad y plenitud, *desde el estremecimiento doloroso del hombre de hoy*".[16] He subrayado tres frases que me parecen muy significativas. Como apoyo, y en cierto modo corrección del ángulo de tiro, creo que deben ponerse junto a las frases de 1940, si se quiere emplear la propia munición del poeta para hacer diana crítica.

Hombre presente, conciencia de la oscuridad, estremecimiento doloroso. He aquí el plano temporal y realísimo desde el cual el poeta escribe: presente oscuro y doloroso. Si *Sombra del paraíso* careciese de ese plano temporal y, con él, de unas realidades ciertas perdidas, si fuese sólo una manera de imaginar el poeta un mundo feliz, sería una especie de utopía al revés, de utopía hacia el pasado. Pero no lo es, aunque arranca, como hacen las utopías, de un estado social presente que desagrada: ese *hoy* oscuro y con estremecimiento doloroso. Además, del libro obtenemos una consecuencia moral: la deformación malsana por unos estamentos alienantes y el sacrificio de unos bienes en aras de algo injusto. Así pues, no podría reducirse a un mero canto de la naturaleza idílica, porque la naturaleza en sí es amoral.

Por otra parte, la exaltación de la naturaleza frente a una sociedad de corrupciones y falseamientos, implica desmontar unas cáscaras arbitrarias, unas superestructuras viciosas, lo que infunde al libro un último poso rebelde, en defensa de la plena libertad del hombre, matiz que en definitiva concuerda con los pro-

---

16 "Notas sobre *Sombra del paraíso* para unos estudiantes ingleses". 1962. En *Obras Completas*, p. 1.478.

pósitos que animaron al movimiento surrealista, e imprime en la obra un transfondo humanista, muy al contrario del tinte evasivo que ha querido ver Cernuda.

La idea del paraíso en sombra, o de la lejana e inalcanzable sombra que aún proyecta, pudo venirle a Aleixandre del libro de Milton, que leyó en 1938, año en que se mantuvo en prolongado reposo por recrudecimiento de la enfermedad y que dedicó a la lectura de literatura inglesa. En todo caso, no hay influjos visibles por esa línea aunque, agotando el tema, emerjan subconscientemente en la relación de la fábula con la realidad temporal: Tras la pérdida del paraíso sobrevino la muerte de Abel, esto es, la lucha fratricida, lo mismo que coincide la sombra del paraíso aleixandrino con la guerra civil. [16 bis]

Varias circunstancias nos inducen, pues, a contemplar la dimensión temporal de este extraordinario libro, aventurando una interpretación que creo poder apoyar en algunos aspectos visibles de los propios poemas.

Sombra del paraíso reconoce una gestación de cuatro años: desde septiembre de 1939 en que se escribe el primer poema —"Primavera en la tierra"— hasta noviembre de 1943, fecha del último —"La isla"—. La cronología ha sido fijada por Carlos Bousoño en su libro sobre el poeta. Parece obligado advertir que Aleixandre no ordena nunca los libros paralelamente a su creación, sino que compagina el material cuando decide construir con él un volumen, de donde estos poemas que doy como primero y último de *Sombra del paraíso* no ocupan tales lugares en su índice, como puede comprobarse.

La época creadora de *Sombra del paraíso* era adversa para su autor. Su vida se hallaba en una amarga zona de sombra. Parecería extraña esta afirmación, pensando sólo que los poemas producidos se han calificado tantas veces de radiantes. Lo son, en efecto,

---

[16 bis] La idea del paraíso en sombra aparece también en *Sobre los ángeles* de Alberti.

como ya se ha dicho más arriba, pero se lo deben a su extraordinaria belleza, a la mágica imantación de las palabras. Por lo demás, el tono es de melancólica soledad, de paraíso, sí, pero perdido.

Ya Bousoño señaló cómo "es evidente que el tema del paraíso resulta ser una consecuencia más de la concepción central aleixandrina, que mira lo elemental como el supremo modo de existencia". Y añade que "el origen vital de *Sombra del paraíso* no es alegre. Por todos lados [encuentra] pesadumbre y maldad, el artificio y la mentira".

Creo que es importante recordar esa época gestadora del libro, y recalcar las afirmaciones de un crítico tan buen conocedor del tema como Bousoño, así como recoger la idea de otro crítico de Aleixandre —Luis F. Vivanco— respecto [17] a que la poesía de *Sombra del paraíso* reside, en síntesis, en constatar lo perdido y en querer, sabiendo que es imposible, recuperarlo. Tales son, en efecto, para mí, las dos alas que le dan vuelo. ¿Equilibradas alas? Realmente, no. Hay más elegía que lucha; más nostalgia que coraje. El ave de esta poesía vuela escorada del costado de lo melancólico. Hay, en definitiva, pesimismo.

Pero el pesimismo estaba ya alojado en la substancia poética del libro anterior: *Mundo a solas,* escrito entre 1934 y 1936. Conjunto poemático que Aleixandre tituló primero *Destino del hombre.* Patético destino, diríamos, porque su concepción es de una cegadora soledad, con el ser humano como rastro perdido, como vida negada. "Sólo la luna sospecha la verdad / y es que el hombre no existe", son los versos que abren el primer poema. La pugna de un amor que se niega a sí mismo, dramatiza la adversa suerte de un vivir en huida a través del planeta puro y erizado, mineral y helador, combatido por soles furiosos y lunas secas o ensangrentadas. La ráfaga amorosa que conmueve casi todos los poemas responde a la dualidad amor-muerte

17 "La generación poética del 27". En el tomo VI de la *Historia General de las Literaturas Hispánicas.* Edit. Vergara. Barcelona, 1968.

ya alentada en *La destrucción o el amor,* pero es más
trágica. En definitiva, este desolado libro es la aven-
tura de una frustración de signo amoroso y, por tanto,
subjetivo.

Sombra del paraíso, en cambio, es más objetivo, pese
a que varios poemas se sustenten en recuerdos personales ("Ciudad del paraíso", "Padre mío", entre
otros). En su mayoría, las experiencias reconocibles
son lejanas; se alude a ellas, o se vislumbran al fondo
del poema, como sombras proyectadas de espaldas, según la imagen de la caverna de Platón. Hay un deje
de cansancio humano, de comprensión amarga. Hay
una conciencia de «la iniquidad del presente», dicho
sea con frase del libro de Bousoño. ¿Cuál será la causa
de tanto desistimiento?

En 1939 la guerra civil española concluye en los
campos de batalla, si bien es continuada por una pro-
longada y difícil postguerra. Centenares de miles de
españoles salen hacia países de Europa y América
Pero, paralelamente a ese exilio centrífugo que aleja
a los caminos de la "España peregrina", se produce
un exilio centrípeto que acalla a otros muchos en la
"España silenciosa". La generación de Aleixandre,
la de 1927, sufre gravemente la diáspora. Uno de sus
más brillantes miembros, desaparecido para siempre.
Otros —Alberti, Cernuda, Prados, Altolaguirre, Do-
menchina, Pedro Garfias, Max Aub, Rejano...— for-
man entre los que abandonan el suelo patrio. También
Jorge Guillén y Pedro Salinas están fuera de España.
Y Juan Ramón Jiménez, y León Felipe. En la poesía
de todos ellos el exilio deja señales. Unas señales me-
lancólicas y nostálgicas, unas señales producidas por
el dolor de lo perdido, aun en los más beligerantes, aun
en aquellos cuyo verso pudo alzarse combativamente.
La pena fluye como un agridulce arroyo, y canta suavemente herida, mientras se vuelven los ojos al pasado.

Creo encontrar un eco semejante en *Sombra del
paraíso,* desde el exilio interior en que vivió el poeta

durante los años de su elaboración. Hay en sus páginas un como deliberado alejamiento, una voluntaria inhibición del presente, a cambio de iluminar remotos países de armonía y belleza frustradas. Es un libro de ablegación.

Ha pasado un verano difícil. Sus mejores amigos sufren las consecuencias de la guerra. Su casa, está destruida. Su nombre, eclipsado. Un otoño sombrío en el Madrid postbélico será el instante creacional de "Primavera en la tierra", de "Plenitud del amor", de "El cuerpo y el alma", de "La verdad". Como si se hubiera alejado con sus compañeros expatriados, el poeta canta una tierra perdida, una tierra de felicidad y pureza inaccesibles.

Si leemos el primer poema, percibimos el perfume inefable de un algo muy hermoso que se ha perdido. Se habla de unos "espíritus benévolos" —de *bene* y de *volo*: unos espíritus que le querían bien— que ya no están, no existen. Eran los protectores de una época juvenil:

Iluminando mi frente en los feraces días de la alegría juvenil
.   .   .   .
presidisteis mi juventud primera.

El poeta tiene 41 años. Su primera juventud se desarrolló, pues, entre 1913 y 1923, esto es: de los 15 a los 25. Vicente Aleixandre estaba entonces en Madrid, con sus padres y su hermana. Ya se ha dicho, en las páginas biográficas, que la vida familiar fue siempre un círculo ileso en torno al poeta. Es la época en que concluye el bachillerato; hace con los suyos numerosos viajes al extranjero y por España; comienza estudios de Derecho y Comercio; lee historia y literatura narrativa; sigue las incidencias de la primera guerra mundial; tiene con Dámaso Alonso el encuentro significativo para su futura vocación que se ha indicado antes; comienza a leer poesía; se licencia en Derecho; concluye la Intendencia Mercantil; traba las primeras

amistades con sus compañeros de generación y, por
último, comienza a escribir versos.

Por tanto, puede decirse que el período vital que se
aflora en el poema citado es la etapa pre-poética. La
poesía no llega a Aleixandre sino después, y como
compañera del dolor. Ahora bien, ese período es el
que hace vislumbrar al joven poeta en cierne el clima
amistoso y grato de la generación luego tan famosa,
generación formada en un espíritu exultante y nuevo,
con ideales de gran apertura.

Tal es, en resumen e históricamente evidenciado, el
ámbito que se echa de menos y que nostálgicamente
se canta en el poema "Primavera en la tierra". Y se
echa de menos y se canta en 1939, esto es: cuando
las circunstancias lo han herido, quizá de forma irre-
parable.

Todo ello —claro está— no explícito ni directo. Todo
ello envuelto en la visión cósmica peculiar en el estilo
del poeta, estilo no estático, como podría hacer suponer el clima de recuerdos y tristezas, sino extraordina-
riamente dinamizado por el manejo de los verbos.

El pasado que se recuerda, se enfrenta y se contrasta
con el presente:

Hoy que la nieve también existe bajo vuestra presencia,
miro los cielos de plomo pesaroso
y diviso los hierros de las torres que elevaron los hombres
como espectros de todos los deseos efímeros.

Se viene interpretando este poema, vagamente, como
un puro sueño irreal de un ayer anterior a los hombres. Pero no podemos olvidar que ese *hoy* con que
arranca la estrofa es el otoño de 1939, y bajo este
dato histórico, creo posible un mayor acercamiento a
lo real, una nieve y un plomo alusivos a hechos con-
cretos, unos hierros tangibles y privadores de libertad,
y unos deseos que fueron efímeros precisamente como
consecuencia de todo ello.

No sostengo, naturalmente, una escritura con clave,
sino que veo la posibilidad de un influjo íntimo de

toda la circunstancia, gravitando y condicionando la
creación de estos poemas. Es muy probable que el
poeta, inconscientemente, alíe y confunda (esto es:
funda-con) el anhelo de un mundo elemental y pri-
mario, y el oscuro tumulto amargo de circunstancia.

Algo semejante podría decirse del cuarto poema
escrito aquel otoño: "La verdad", de tono amoroso,
donde el eco de unos pájaros perdidos se transfor-
ma en

> pluma vil, turbia escoria, muerta materia

adjetivos demasiado violentos y deprimentes para no
contener más que un recuerdo amoroso.

En otro poema —"Criaturas en la aurora"—, escrito
en febrero del año siguiente, parece latir un sueño de
superación de la sombra, un anhelo de claridad obtenida mediante lo que el poeta considera más puro y
noble:

> los puros céfiros
> vencían a fuerza de candor a la noche

Pero la oposición latente en el poema no es día-noche,
sino felicidad-infelicidad. El poeta sueña una vida más
dichosa. Una "edad de oro" perdida. ¿Perdida por
qué? La interpretación más habitual del libro supone que la tesitura del poeta viene dada por la pérdida
de la juventud, motivando la creación imaginativa de
un edén maravilloso. Pero tampoco es un prodigio lo
que sueña el poeta, si bien se mira; los seres felices
a los que envidia son —así se les califica en el poema—
seres *mortales,* no extrahumanos. La motivación subconsciente bien podría estar en pérdidas más con-
cretas.

Si tomamos el poema "Mar del paraíso", que es ya
de 1941 —esto es: posterior a la tan comentada carta— encontramos estos versos:

> Niño grácil, para mí la sombra de la nube en la playa
> no era el torvo presentimiento de mi vida en su polvo,
> no era el contorno bien preciso donde la sangre un día
> acabaría coagulada, sin destello y sin numen.

Numen, es cualquiera de los dioses paganos, pero también quiere decir *inspiración.* La palabra proviene del latín *numen-inis,* que significa voluntad y poder divinos. Quizá pueda tomarse aquí con ese sentido y, al negarlo —"sin numen"— queda expresado que la sangre se coaguló (esto es: se secó y, lógicamente, tuvo que ser tras un previo derramamiento) sin brillo *(destello)* y contra la voluntad de los dioses o espíritus favorables que, en la simbología del libro, presiden la hermosura de la vida. Esta interpretación se hace aún más plausible relacionándola con el *presentimiento torvo* de uno de los versos, y vislumbrando una huella del recuerdo de la guerra civil —sangre derramada y coagulada sin numen— que puso, por cierto, una de sus más trágicas proyecciones sobre la costa malagueña en la que el poema se inspira. No tendría por qué ser entonces casual que el poeta, unos versos más abajo, se declare enemigo de cualquier *amenaza* contra vidas ajenas:

No apresé nunca esa forma huidiza de un pez en su
la esplendente libertad de los seres,   [hermosura,
ni amenacé una vida

Más expresivo para la segunda interpretación que creo posible, puede resultar el poema "Los dormidos". La invocación a unos seres ausentes —¿ausentes por dormidos o por muertos?— es patética. Ramalazos trágicos cruzan los versos, de profunda belleza desolada. Ya el comienzo:

¿Qué voz entre los pájaros de esta noche de ensueño
dulcemente modula los nombres en el aire?

predispone a un talante de exaltación gloriosa. No son vulgares durmientes, sino privilegiados seres, a juzgar por el tono de la evocación. A la vez, se nos sugiere que no son algo abstracto, ni siquiera anónimo, puesto que se modulan los nombres, aunque éstos se omitan o desconozcan. Avancemos más:

Una luna redonda gime o canta
entre velos, sin sombra, sin destino, invocándoos.

La luna, al invocarlos, no sólo canta, sino que gime
(canto y gemido se identifican merced a la ambivalente *o* aleixandrina, tan peculiar) y va entre velos, sin
sombra, sin destino.

Comenzamos a extrañarnos. ¿Por qué va a gemir
la luna por unos seres que, simplemente, duermen?
Además, bien que vaya "entre velos", pero ¿"sin sombra"? Los cuerpos dormidos no sólo es normal que
estén en sombra —lo más apropiado para el sueño—
sino que también al darles la luz lunar han de proyectar
sombra. En cuanto a "sin destino", ¿por qué?, ¿quién
no tiene destino, la luna o los durmientes? El destino
de la luna que llama a los durmientes será verlos al
fin despiertos, y ellos mismos tienen como destino salir
del sueño. Creo que hemos tropezado con varios mo-
tivos para sospechar que se trata de algo más grave
que simples dormidos. ¿De muertos, quizá? Sigamos
adelante.

Un cielo herido a luces, a hachazos, llueve el oro
sin estrellas, con sangre, que en un torso resbala.

Aceptemos que el adjetivo *herido* no tenga más
alcance que el poético de las luces iluminando el cielo.
pero ¿"a hachazos"? ¿No se nos antoja demasiado
grave para que, inconscientemente aliada a la luz, no
exista más dramática causa? En fin, "llueve el oro",
esto es: la luz solar. Ya ha amanecido, puesto que,
además, el cielo está "sin estrellas". ¡Ah, pero "con
sangre"! ¿También esta sangre deberemos limitarla a
una metáfora alusiva sólo al brillo solar? ¿No resulta,
como los hachazos, harto trágica? Por si fuera poco,
el final del verso: "que en un torso resbala". ¿Qué
es lo que resbala en el torso —torso de uno de los
dormidos, se entiende—? La coma después de la palabra sangre puede inclinarnos, gramaticalmente, a creer
que es el oro —o sea, el sol—. Pero tampoco sería

aventurada suposición que, pese al signo ortográfico, se tratara de la sangre. Más adelante, leemos:

> . . . un destino llamando
> a los dormidos siempre bajo los cielos vívidos.

Tanto si tomamos el adverbio *siempre* como modificador del gerundio *llamando,* cuanto si lo tomamos como modificador del participio sustantivado *dormidos,* hemos de convenir que el simple hecho de estar entregado al sueño no se compadece con el significado adverbial. En efecto, no se puede estar *siempre* llamando a un dormido, porque acabará por despertarse, ni el dormido puede permanecer *siempre* en ese estado, de por sí pasajero. Cuando unos dormidos perduran en su estado, no están dormidos, están muertos.

Me parece que no hacen falta más comprobaciones, aunque hay otras en este revelador poema. Una más:

> . . . ¡Ah dormidos,
> sordos sois a los cánticos

Los cánticos tienen que acabar por despertar a los durmientes, que no son sordos, los sordos son los muertos, palabra no hurtada en el poema, por fin:

> vuestro sueño, oh dormidos, oh muertos, oh acabados.

Hasta ahora se ha venido interpretando en este poema, a remolque del título, que esos *dormidos* eran considerados poéticamente como *muertos.* Pero no parece imposible entenderlo al contrario: los *muertos* como *dormidos.* Y, por ende, a esta nueva luz leerlo como un canto a los muertos en la guerra civil que el poeta vivió. El final, abrevia nuestras dudas:

> . . . muertamente callados, como lunas
> de piedra, en tierra, sordos permanecéis, sin tumba.
> Una noche de velos, de plumas, de miradas,
> vuela por los espacios llevándoos, insepultos.

Este final en el que la noche vuela por los espacios llevando en sus brazos los cuerpos inertes, se asemeja bastante a la visión de otro poema escrito algo después: la "Elegía" incluida en *Nacimiento último*, en cuyos versos aparece "la tierra que contigo apretado por los soles escapa". Y éste sí que fue abiertamente escrito para un muerto: el poeta Miguel Hernández. En ambos, una fuerza telúrica vuela con los gloriosos cuerpos muertos, huyendo de un mundo envilecido por el odio. Mezcla de la visión desolada de *Mundo a solas* y del panteísmo de *Nacimiento último*.

Todo lector de *Sombra del paraíso* puede percibir que sus poemas, si luminosos y sensuales, respiran un clima de tristeza, de abatimiento y soledad. Cuando en alguno, como el titulado "No basta", se ha creído ver un punto de crisis religiosa —la religiosidad no es la tónica frecuente en la poesía de esta generación, salvo en muy pocos nombres—, el poeta declara "un vacío de Dios" que sólo sacia —de nuevo el panteísmo— besando "la oscura, sola, desesperada tierra". Y lo que *no le basta* al poeta —y ahí se produce la crisis— es precisamente su concepción del hombre como parte integrante del cosmos —según ha visto muy bien Luis Felipe Vivanco—, haciéndose necesaria una concepción del hombre como ser histórico; de ahí la tendencia de algunos poemas en la última parte del volumen, donde ya hay *una mirada extendida,* anticipadora de la que da título a otros poemas del libro siguiente, sobre las vidas de los demás.

Con el poema "No basta", el poeta está a punto de hacer trascender su paraíso de tierra al paraíso divino que algunos hallan dentro de sí —Unamuno, por ejemplo— cuando no lo encuentran fuera. Es actitud romántica y egocéntrica de creador de su propio Dios. Pero Aleixandre no pasa a ese estadio, abandonando en ese punto el romanticismo para atender a la concepción de las otras vidas *(Historia del corazón)* y a la concepción de la materia única *(En un vasto dominio).*

El otro poema del libro en el que, a veces, se ha creído percibir acento religioso es el titulado "Al cielo". En este poema hay una clara pista temporal. El poeta nos habla del "agitado corazón con que estos años vivo". Escrito en 1943, "estos años" tienen que ser ese mismo y los dos o tres anteriores, esto es: el lapso creativo del volumen. La época que venimos caracterizando a lo largo de estas consideraciones. Y si en ella el poeta vive con el corazón agitado, no podemos sino atribuir la causa de esa agitación a las circunstancias en que él mismo está implicado.

El poeta, en este poema, encuentra calma y serenidad con la contemplación del cielo:

> una larga espada tendida como sangre recorre
> mis venas, y solo tu, cielo agreste, intocado,
> das calma a este acero sin tregua...

Hay aquí un adjetivo revelador a la hora de interpretar el sentido del poema: es *agreste*. Agreste no puede estar usado más que en su primera acepción: campesino o perteneciente al campo. Así pues, por sí solo revela que no se trata de una consolación metafísica, sino —como por otra parte abona todo el contexto del libro— de una comunicación con la naturaleza. La calma obtenida proviene de la hermosura y apacibilidad de un cielo físico, contemplado en la paz del campo, sumergido en la armonía y en el silencio de un bello paisaje tranquilo. En consecuencia, debe también alejarse cualquier comprensión teológica para el último verso: "el único amor que no muere" no tiene por qué asimilarse al amor divino, sino al peculiar sentimiento de la grandiosidad cósmica que el poeta posee, en donde se integra el ser humano.

Su propio destino, y el de los demás seres humanos, se percibe como de signo trágico en un mundo que fue hermoso pero en el que se han sembrado pasiones adversas. Lo dirá en el poema "Destino de la carne":

> cuerpos humanos, rocas cansadas, grises bultos
> cuerpos que mañana repetidos, infinitos, rodáis
> como una espuma lenta, desengañada, siempre.

Desengañada. El adjetivo resulta definidor. La actitud del poeta es desengañada, en estos años como de suspensión, como de alejamiento. La tierra se ha abierto y ha tragado una querida realidad vital. Ha pasado una terrible guerra, y el poeta escribe este libro como una conciencia de la devastación. Por otra parte, Aleixandre tenía que llegar a *Sombra del paraíso* como evadido de la sombra angustiada de *Pasión de la tierra* y de la sombra heladora de *Mundo a solas*. Era una evasión hacia la luz. Pero esa evasión se mezcla con el exilio interior en el que cae. Por eso el libro resultante es, a la vez, luminoso y triste.

No pretendo —antes se dijo— que este libro responda a una consciente representación poética de la situación en que permanecía el poeta por los años de su creación, pero sí creo que no se hubiera escrito de la misma manera de ser otras las circunstancias y otras las vivencias del autor. Esto no puede extrañar, sabiendo cómo nace siempre la poesía auténtica, la que no responde a un mero capricho retórico, sino a una tesitura. Por ello estimo que, junto a las demás interpretaciones de *Sombra del paraíso,* debe ponerse esta de su condicionamiento temporal. Olvidarlo sería olvidar una dimensión de la poesía verdadera.

2. *Estructura formal del libro*

Sombra del paraíso está compuesto por 52 poemas. De ellos, 31 son de número impar de versos y 21 de número par. El poema más extenso cuenta 93 versos y los más breves son dos, que tienen cada uno de ellos 7 versos. En total, suman 1.839 versos, con un término medio de 35 versos por poema. (Recordemos, de pasada, que para Poe un poema no debe pasar de los cien versos).

La mayoría de los poemas (casi el 80 %) responde a la forma peculiar del versículo alejandrino, que no guarda uniformidad silábica, aunque en ocasiones presenta un ritmo endecasílabo. Las combinaciones son, sin embargo, muy diversas y, aunque poseen un sentido singular del ritmo, no obedecen a ningún esquema previo. Sólo el 21 %, esto es: 11 poemas, están escritos en verso regular heptasílabo, y hay uno escrito en versos de catorce sílabas (alejandrinos de hemistiquios siete más siete). Ningún poema posee rima.

El libro consta de un primer poema y seis partes. La primera parte tiene 7 poemas; la segunda, 8. La tercera parte presenta 10 poemas más 1 separado. La cuarta parte posee 7 poemas; 8 la quinta parte y la sexta 9 con uno separado.

Esta división se ha mantenido en todas las ediciones, salvo en la de *Poemas paradisíacos,* la cual no recoge más que 21 poemas, con la distribución y en orden que se indican en la correspondiente nota bibliográfica.

En cuanto a los poemas del Apéndice, son cinco, con un total de 170 versos. Entre ellos figura el único poema de todo el ciclo *Sombra del paraíso* (52 poemas más estos 5 = 57) que se presenta en estrofas isométricas. Dos de estos cinco poemas tienen número impar de versos y los otros tres, número par.

Sumando el cuerpo principal del libro al Apéndice, el poeta escribió 2.009 versos para este ciclo de *Sombra del paraíso.*

3. *Las imágenes y el vocabulario*

Buena parte de las imágenes de *Sombra del paraíso* tiende a plasmar una idea visible en el libro y que constituye su costado pesimista: que el hombre es en la Naturaleza un ser discordante:

¡Humano; nunca nazcas!

exclama imprecatoriamente al final del poema "El fuego". Pero, contra la voluntad del poeta, el hombre nació, y no supuso un beneficio para el mundo vivo natural, sino una perturbación demoledora. La zoología y la botánica aluden a especies vivas enteras que, tras la acción del hombre, fueron raídas del haz de la tierra y, actualmente, las consecuencias del progreso y de la técnica andan en trance de arruinar tanto la belleza cuanto los recursos naturales, envenenando el medio ambiente. Cuando leemos a pensadores como Leszek Kolakovski, [18] para quienes el hombre es, en la naturaleza, "un tejido hipertrofiado", un "absceso patológico" que actúa como proceso degenerativo, pensamos que el pesimismo de la poesía de Vicente Aleixandre está en esa misma línea. Es el sentimiento de solidaridad y es la comprensión del dolor humano, lo que supera tan decepcionada actitud hacia un humanismo que —en otro momento se ha indicado— se inicia en poemas finales del volumen y acaba por desembocar en la poesía de *Historia del corazón*.

El vocabulario se extrae frecuentemente del paisaje. Es claro que el paisaje de *Sombra del paraíso* no existe. Ni en Málaga ni en parte alguna. Es un paisaje inventado o, mejor (la poesía no inventa: descubre), recreado por el poeta con el material subconsciente de sus vivencias y recuerdos. Por eso, versos aislados pueden acudir de súbito a nuestra memoria cuando paseamos por un jardín malagueño, cuando avanzamos por una quemante playa de sus costas o cuando, por encima de los pinares de Gibralfaro, divisamos la cósmica pupila del mar. Pero los poemas de *Sombra del paraíso* no son cuadros de paisaje ni el poeta nos está contando ni describiendo nada, sino comunicando emociones y sensaciones, sentimientos y sueños, por medio de las imágenes y de las palabras originalmente dispuestas. Las palabras, merced a la virtud poética, logran crear un clima que arrastra al lector, que lo seduce y contagia de aquellos sentimientos —los del poeta—, por encima de lo directamente expresado.

18 Kolakovski, Leszek: *El hombre sin alternativa.* (Traducción de A. Pedro Sánchez Pascual.) Alianza Editorial (n.º 251), Madrid, 1970.

a)   El vocabulario

¿Cuáles son esas palabras de *Sombra del paraíso*? Si nos ayudamos de una sencilla estadística, [19] vemos pronto el predominio de voces relativas a la naturaleza. El reino animal, el reino vegetal y el reino mineral imponen la triple monarquía de sus *cosas reales*.

La presencia del reino animal es mucho menor que en el libro *La destrucción o el amor*, sobre cuya abundante fauna se ha extendido la crítica. El examen de nuestro libro arroja 66 voces de nombres de animales, según el siguiente cuadro:

	Número de veces que se emplea
Ave (como voz genérica)	15
Pájaro (como voz genérica)	22
Ruiseñor	4
Águila	4
Paloma	3
Cóndor	1
Jilguero	1
Gaviota	1
Mariposa	1
Total habitantes del aire	52
Pez (como voz genérica)	5
Delfín	1
Total habitantes marinos	6

[19] He prescindido para este estudio de los poemas del Apéndice, ya que nunca los asumió del todo el autor bajo la rúbrica propia del volumen y puesto que, por otra parte, su incorporación sólo haría confirmar los resultados, dada la identidad de tono. También debo advertir que mi examen estadístico no pretende ser exhaustivo, y menos que en ningún punto, en el que contempla los adjetivos, donde la exploración se atiene a una interpretación, acaso subjetiva y parcial, de los que pueden estimarse como más expresivos de la parte exultante o paradisíaca y de la parte deprimente o de exilio, prescindiendo, por tanto, de aquellos que he considerado menos relevantes o definidores.

Número de veces
que se emplea

Tigre 3

    Total félidos 3

Sierpe 2
Culebra 1

    Total ofidios 3

Gacela 1
Venado 1

    Total cérvidos 2

                               66

El cuadro de la flora es mayor, ya que arroja 108 voces. Las voces genéricas se emplean más pródigamente, como muestra el detalle que sigue:

Número de veces
que se emplea

Flor 13
Árbol 13
Bosque 10
Selva 5
Fronda 4
Hojas 6
Espesura 1
Jardín 1
Pétalo 2
Fruto 1
Poma 1
Cáliz 1
Tallo 1
Pulpa 1

    Total voces genéricas 60

Número de veces
que se emplea

Álamo	3
Encina	1
Naranjo	1
Palma (palmera)	4
Pino	1
Albérchigo	1
Limonero	1
Roble	1
Magnolio	1
Vid	1

Total árboles y arbustos 15

Magnolia	2
Rosa	9
Nardo	1
Margarita	1
Campánula	1

Total flores 14

Hierba	8
Césped	7
Musgo	1
Junco	2
Grama	1

Total júnceas y herbáceas 19

108

Las voces más abundantes proceden de lo que podríamos llamar —sin mucha propiedad— naturaleza inanimada: minerales, accidentes geográficos y cuerpos sidéreos. Aquí, precisamente por su frecuencia, el estudio estadístico se ha limitado a las palabras más repetidas. Son estas catorce:

Número de veces
que se emplea

Mar (con océano)	62
Tierra	49
Cielo	47
Sol	34
Montaña, (con ladera, monte, cima, cumbre, cresta y cerro)	34
Luna	32
Río (con manantial y arroyo)	24
Estrella (con lucero)	23
Piedra (con roca y guija)	20
Playa	10
Astro	5
Valle	5
Campo	2
Llanura	2
	349

Sobre este índice de frecuencia, las palabras sierpe, serpiente, rosa, sol (dos veces), cielo, mar (dos veces), tierra (dos veces), luna, estrella, campo (dos veces) y río, aparecen también formando parte de títulos de poemas.

Antes de cualquier otra consecuencia estilística a que este examen puede dar paso, la primera impresión que me parece muy fácilmente constatable es la presencia de la naturaleza en sí: lo telúrico (montañas, ríos, mar, piedras...) y lo cósmico (cielo, sol, astros...), seguida de la menor presencia de la vida vegetal y de la relativamente pequeña presencia animal.

Pasemos a la presencia humana. Los sustantivos que representan personas suman 89, y es de notar que se acumulan singularmente en la segunda mitad del libro, como consecuencia de la suerte de poemas en la misma imperante. Para el cuadro que sigue se han tomado sólo sustantivos y —lógicamente— aquellos adjetivos que están empleados en el poema con forma sustantivada (humano, o mortal).

Hombre	27	veces
Humano	10	»
Ser	1	»
Mortal	4	»
Poeta	4	»
Amigo	2	»
Muchacho	1	»
Muchacha	4	»
Madre	14	»
Padre	12	»
Hijo	6	»
Hija	1	»
Niño	3	»
Total	89	»

Hay además cinco voces en el texto, empleadas en 30 ocasiones, que denotan condiciones o cualidades exclusivamente humanas. Son:

Risa	1	veces
Pensamiento	3	»
Lágrima	4	»
Palabra	16	»
Alma	6	»
Total	30	»

Por último, en cuanto a sustantivos, he aquí un análisis estadístico de la presencia sensual del cuerpo, sus partes y elementos sensoriales y/o eróticos. Sobresalen del estudio, por su abundancia, los términos *cuerpo* y *labios*. *Cuerpo* (más sus sinónimos *bulto, carne* y *masa corporal*) aparece en 95 ocasiones, y *labios* (si se suman sus afines *boca, lengua* y *beso*) alcanza la mayor incidencia: 130 veces.

Ésta es la composición del cuadro numérico:

— Con más de 50 apariciones:
  Cuerpo = 66 (más Masa corporal = 1, más Bulto = 8);
  Ojos = 50 (más Pestaña = 1, más Párpado = 2, más Pupila = 6); Labios = 56.

— Entre 25 y 50 apariciones:
  Boca = 33; Beso = 34; Frente = 39; Brazo = 28;
  Mano = 29; Sangre = 25; Pecho = 25 (más Torso = 3, más Busto = 1).

— Entre 12 y 25 apariciones:
  Cabellera (con Cabello y Pelo) = 16; Seno (o Senos) = 18; Corazón = 15; Pie (con Planta) = 15;
  Carne = 20.

— Entre 5 y 12 apariciones:
  Cabeza (con Testa) = 11; Lengua = 7; Garganta = 6; Oído = 6; Cuello = 5; Mejilla = 8; Venas = 7; Piel = 10; Dientes = 5.

— Menos de 5 apariciones:
  Hombro = 4; Cintura = 3; Espalda = 3; Vientre = 2;
  Muslo = 2; Saliva = 2; Rostro, Dedos, Piernas = 1
  cada una.

La prospección en el campo de los adjetivos se ha limitado a comparar los hallazgos que reflejen exaltación y luminosidad (zona paradisíaca) y aquellos que acusen depresión u oscuridad (zona de exilio), como expresión de la pugna que, según se intentó dejar claro en páginas anteriores, constituye la contradicción patética del libro.

El resultado de la exploración muestra curiosa ponderación entre unas y otras adjetivaciones, si bien con diferente grado de frecuencia. Una vez más debe declararse aquí que el presente estudio carece de afán exhaustivo. Se han tomado, con un criterio muy general pero, desde luego, teniendo en cuenta su comportamiento en el contexto del que son piezas, los adjetivos cuya carga semántica suscita, más o menos directamente, una idea o una sensación exultantes, claras, apacibles, y aquellos otros que, por el contrario, comportan desazón, turbiedad, afligimiento.

Nos encontramos con que los adjetivos de lo que llamaremos Serie a) —zona paradisíaca— son 141, mientras que los de la serie b) —zona de destierro—

son 158. El equilibrio es, pues, notorio. La desproporción se va a registrar en el uso, conforme manifiesta el doble recuento que a continuación se resume.

Serie a)

— Adjetivos empleados más de 20 veces:
Dulce, Desnudo, Hermoso, Puro.
　　　En total, se emplean . . . . . .　139 veces

— Adjetivos empleados entre 10 y 20 veces:
Vívido (con Vividor y Vivo), Celeste, Leve, Caliente (con Cálido), Feliz, Inmenso, Ligero, Poderoso (con Potente), Virginal (con Virgíneo), Dorado.
　　　En total, se emplean . . . . . .　152 veces

— Adjetivos empleados entre 5 y 10 veces:
Extendido (con Extenso), Estrellado, Eterno, Fresco, Intacto (con Intocado), Libre, Alegre, Continuo, Ebrio (con Embriagado), Gozoso, Mágico, Luciente, Reciente, Ardiente, Bello, Benévolo, Dichoso, Encendido, Inocente, Instantáneo, Joven, Luminoso, Brillante, Cándido (con Candoroso), Divino, Erguido, Gracioso, Infinito, Inmarchito (con Inmarcesible), Matinal, Nuevo, Volador (con Volante), Besado, Claro, Deslumbrante, Espumoso, Estelar, Feraz (con Fértil), Inviolado, Transparente, Tangible.
　　　En total, se emplean . . . . . .　280 veces

— Adjetivos empleados menos de 5 veces:
Estremecido, Generoso, Juvenil, Melodioso, Radiante, Solar, Arrebatado, Aplacado, Abrasado, Fulgurante, Iluminado, Inspirado, Inmortal, Lúcido, Primero, Pujante, Rutilante, Repentino, Resonante, Súbito, Tropical, Vital, Ardido, Ardiente, Apacible, Amable, Bienhechor, Centelleante, Célico, Carnal, Excelso, Extasiado, Ferviente,

Glorioso, Grácil, Incendiado, Musical, Materno, Níveo, Naciente, Primaveral, Prodigioso, Resplandeciente, Raudo, Robusto, Silvestre, Sucesivo, Turgente, Velador, Victorioso, Alzado, Armonioso, Alígero, Angélico, Alado, Agreste, Benigno, Corpóreo, Casto, Cristalino, Clarividente, Creciente, Clemente, Crepitante, Cósmico, Compasivo, Esplendente, Empíreo, Encantado, Exaltado, Fantástico, Fluyente, Fragante, Fúlgido, Florido, Gentil, Hechicero, Nutricio, Profético, Propagador, Plumado, Primigenio, Perennal, Sorprendente, Sublime, Sideral, Traslúcido.

En total, se emplean . . . . . .   180 veces

Empleo total de adjetivos de la
Serie a) . . . .   751 veces

Serie b)

— Adjetivos empleados más de 20 veces:
Oscuro, Triste.
En total, se emplean . . . . . .   46 veces

— Adjetivos empleados entre 10 y 20 veces:
Apagado, Nocturno.
En total, se emplean . . . . . .   22 veces

— Adjetivos empleados entre 5 y 10 veces:
Frío, Pálido, Remoto, Último, Cansado, Herido, Muerto, Sombrío, Doliente, Helado, Mudo, Pelado, Vacío.
En total, se emplean . . . . . .   88 veces

— Adjetivos empleados menos de 5 veces:
Débil, Efímero, Final, Fugitivo, Fugaz, Pensativo, Solitario, Sordo, Turbio, Ciego, Desterrado, Derribado, Extinguido, Esquivo, Finito, Gimiente, Mortal, Mate, Perdido, Roto, Sediento, Sin luz, Temeroso, Tenebroso, Afligido, Crepuscular, Cruel,

Cóncavo, Doloroso, Engañoso, Feroz, Huido, Humilde, Huérfano, Implacable, Insensible, Inerme, Inmóvil, Inútil, Lívido, Perseguido, Pasajero, Pesado, Sellado, Terreno, Temporal, Trémulo, Agonioso, Arruinado, Agotado, Abatido, Agraz, Abisal, Amenazante, Anhelante, Aborrascado, Agitado, Amargo, Áspero, Brutal, Bífido, Condenado, Cerrado, Confuso, Cauteloso, Cenizoso, Despedido, Difícil, Despiadado, Desvalido, Desengañado, Desolador, Desesperado, Derretido, Enlutado, Estepario, Estéril, Ensordecedor, Enturbiado, Exhausto, Esclavo, Extinto, Fatigado, Fulminado, Furioso, Fosco, Fútil, Graso, Gélido, Humoso, Huracanado, Hendido, Hechizado, Hermético, Hurtado, Hosco, Inexorable, Inevitable, Indiferente, Insepulto, Ingrato, Inundado, Impío, Melancólico, Mórbido, Menguado, Membranoso, Mondo, Marchito, Neutro, Nefasto, Oprimido, Postrer, Póstumo, Penumbroso, Pedregoso, Pesaroso, Pérfido, Pegajoso, Partido, Penoso, Doliente, Prisionero, Resbaloso, Subterráneo, Sibilante, Sibilino, Seco, Sucio, Tremendo, Trágico, Transitorio, Terrible, Torturado, Torpe, Torvo, Penúltimo, Vil, Viscoso, Velado, Yacente.

En total, se emplean . . . . . . 221 veces

Empleo total de adjetivos de la Serie B) . . . . 377 veces

Consecuencias: 1.ª Los adjetivos de una y otra índole están equilibrados. El poeta, desde un plano adverso, recuerda —o recrea desde sus recuerdos subconscientes— un plano feliz. Como un rostro que se mira al espejo y ve una faz distinta, pero reflejo y faz guardan las mismas dimensiones. 2.ª Ese número igual de adjetivos se emplea exactamente un número doble de veces dentro de la que hemos llamado Serie a). La causa, pienso, puede residir, acaso, en que

—antes se dijo— el tiempo desde el cual recuerda el
poeta se dramatiza, en tanto que el tiempo recordado
—o recreado sobre recuerdos— se idealiza, y la idealización propende al énfasis. De ahí que un libro pesimista, un libro de destierro y drama cual es *Sombra
del paraíso,* puede resultar verbalmente de cálido resplandor.

Antes de dar por terminadas estas notas sobre el
vocabulario del libro, debe hacerse una referencia a
los adjetivos de color. ¿Qué colores maneja el autor
de *Sombra del paraíso?* Un rápido repaso nos permi-
tirá ver que se trata de una paleta sobria. Por lo pronto, de los 52 poemas, 18 —el 35 %— no citan nombre
alguno de color. En los restantes 34 poemas registra-
mos 112 citas de colores, con singular predominio del
azul, el verde y el blanco. En resumen, tenemos:

Azul, azul índigo y azulado: 37 apariciones.
Verde y verdea: 22.
Blanco, blancura, albo, plata y plateado: 17
Amarillo y oro: 9.
Rojo y carmín: 7.
Rosa y rosado: 5.
Negro y negror: 5.
Morado y amatista: 3.
Gris y perlado: 3.

Ocre, irisado y tornasolado, aparecen cada uno una
vez, con un "claroscuro de plata" y una "confusión
de colores".

Un paisaje —soñado, recreado— como el de *Sombra del paraíso,* en el cual tanto dominan —lo hemos
visto antes— el mar, el cielo y la montaña, es natural
que vea, sobre todo, los azules, los verdes y los blancos. El sol será más luz —blancura— que color —amarillo— y la noche, a despecho del fondo pesimista del
libro, atemperará sus negros con los grises y los pla-
teados. En algunas ocasiones surgirá el violento color
rojo, y la tierra maternal, a fuerza de nutricia, hará
ver una vez su ocre.

b) Las imágenes

El lenguaje tropológico de *Sombra del paraíso*, siguiendo la característica del autor desde sus libros precedentes, mezcla series de imágenes tradicionales con aquellas otras nuevas formas de asociación alógica, donde el hilo relacionante no se devana desde un ovillo real, sino desde la madeja de la fantasía, del sueño o del subconsciente del poeta. La aportación de Aleixandre a la poesía castellana es en este sentido trascendental, ya que ha supuesto un enriquecimiento de fecundidad insospechada. A su vez, Aleixandre ha sabido extraer sus recursos de las experiencias del surrealismo, cuya mecánica imaginística es base para el fenómeno de la figuración continuada que —según ha visto ya Carlos Bousoño— encuentra su apogeo en *Sombra del paraíso*.

Conocidas y comentadas son las fórmulas de imágenes aleixandrinas con empleo del comparativo *como* y de la *o* ambivalente.

La tristeza *como* párpado doloroso
. . . .
Cristalino fulgor que *como* una mano purísima
. . . .
Ofrecía su curva *como* un seno
. . . .
Un corazón sencillo *como* la pleamar remota

O bien:

Sobre tu piel palabras *o* besos cubren, ciegan
. . . .
Cuerpo *o* río que helado hacia la mar se escurre

procedimiento este último, si muy característico, poco prodigado en el libro que nos ocupa. En cambio, es típico de este volumen el asimismo muy comentado uso de la negación:

La juventud de tu corazón *no* es una playa
. . . .
No es ese rayo velador que súbitamente amenaza
. . . .
No. Esa luz que en el mundo
no es ceniza última,
luz que *nunca* se abate como polvo en los labios,
eres tú, poeta, cuya mano y *no* luna
yo vi en los cielos una noche brillando.

En gran medida, se trata de un procedimiento cali-
ficador, de suerte que las negaciones devienen defini-
ciones afirmativas por contraste:

> La cintura *no* es rosa.
> *No* es aire. *No* son plumas.
> La cintura es la lluvia.

Las hipérboles de ambientación cósmica aparecen
en numerosas imágenes de este libro. Por ellas, los
seres humanos son vistos, parcialmente, con visión de
macrosis que, sobre engrandecerlos, los integra en la
dimensión del universo:

Tus manos alzadas tocan la luna
. . . .
Tu cabellera deja estela en los astros
. . . .
Alto padre, como una montaña que pudiera inclinarse

En realidad, la simbiosis del ser y de la naturaleza
es una constante en las imágenes y metáforas de *Sombra del paraíso*. La naturaleza influye en el hombre:

La pupila ... sabe del peso de una montaña sobre un ojo
. . . .
El clamor de los bosques se aduerme en nuestras venas
. . . .
Siento en la mejilla el labio dulce del poniente apagándose

Recíprocamente, la naturaleza puede verse influida
por lo humano:

Todo el verde paisaje se hace más tierno
en presencia de tu cuerpo extendido
. . . .
En tu cuello una música se ensordece,
mudo gemido del poniente anhelante

Incluso lo humano pero no material: la palabra, re-
cibe la influencia del mundo físico y registra sus con-
tagios:

Para ti, poeta, que sentiste en tu aliento
la embestida brutal de las aves celestes,
y en cuyas palabras tan pronto vuelan las poderosas alas de
[las águilas
como se ve brillar el lomo de los calientes peces sin sonido.

La sensualidad que caracteriza algunas zonas del libro,
se refleja en muchas metáforas del poeta que siente
la luna "como dos labios dulces" y que, al verla tras-
poner la altura, le habla de "aquel monte tibio, carnal
bajo tu celo", lo mismo que materializará la luz del
sol cuando dice: "para abrasarme en tu lumbre corpórea". Un ejemplo muy insistente de esas metáforas
sensualistas puede verse en el poema "Primavera en
la tierra":

Las grandes rocas, casi de piedra o carne,
se amontonaban sobre dulces montañas
que reposaban cálidas como cuerpos cansados
de gozar una hermosa sensualidad luciente.
Las aguas vivas, espumas del amor en los cuerpos,
huían, se atrevían, se rozaban, cantaban.
Risas frescas los bosques enviaban, ya mágicos,
atravesados sólo de un atrevido viento.

Las rocas, que, naturalmente, son de piedra, podrían
haber sido comparadas con masas de carne, pero el
adverbio *casi* colocado antes de *piedra,* supone dudar
de la propia materia inherente a la roca. No son, pues,
rocas pétreas que parecen carne, son rocas que están
entre la piedra y la carne: casi una cosa, casi otra.

En cuanto a las montañas, son *dulces,* y reposan como cuerpos cansados. Pero aún hay más, pues tras la cesura, el encabalgado verso siguiente nos aclara que el cansancio provenía de un goce sensual. Las aguas, que se califican de *vivas,* se mezclan a los cuerpos con *espuma amorosa,* y se entregan a la acción de cuatro verbos que cuadrarían a jóvenes muchachas enamoradas. Por último, entre la *risa fresca* de los bosques, cruza un viento *atrevido.*

Paralelamente, pero en sentido contrario, las rocas que se han visto, sensualmente, como cuerpos, como carne, pasan, en otro poema, a calificar dramáticamente a la materia humana cuyo destino existencial es el afligimiento y la fatiga:

Cuerpos humanos, rocas cansadas, grises bultos
. . . .
Cuerpos que mañana repetidos, infinitos, rodáis
como una espuma lenta, desengañada, siempre.
¡Siempre carne del hombre, sin luz! Siempre rodados
desde allá, de un océano sin origen que envía
ondas, ondas, espumas, cuerpos cansados...

Las imágenes presentan aquí matiz doble. Unos elementos reales de la naturaleza: rocas, espuma, representan a los cuerpos y se les identifica con ellos, hasta el punto de atribuirles adjetivos (cansadas, desengañada) sólo atribuibles, con propiedad, a los seres. Además, otros elementos de la naturaleza aparecen no reales sino simbólicos: océano, ondas, espumas, que representan lo que podríamos llamar la eternidad, y que se asocian también, metafóricamente, a los cuerpos humanos.

Las particularidades sintácticas que son observables en la poesía aleixandrina, tienen también, por supuesto, influencia en las imágenes, haciéndoles cambiar su curso, como puede ser el paso de un nostálgico recuerdo a un contemplado presente, sin solución de continuidad y sólo merced al enálage en la aplicación de los tiempos verbales:

> Un rosa cándido por las nubes remotas
> evocaba mejillas recientes donde un beso
> ha teñido purezas de magnolia mojada,
> ojos húmedos, frente salina y alba
> y un rubio pelo que en el ocaso ondea.

Describe el poeta un acontecer pasado, en felices días que recuerda. Por eso emplea el pretérito: *un rosa cándido, evocaba mejillas.* Pero las mejillas evocadas no eran unas simples mejillas, sino unas mejillas *teñidas de pureza por un beso.* El pretérito imperfecto *evocaba* nos da una acción pasada cuyo final no se precisa, y lo ocurrido a la mejilla evocada debería haberse expresado —con lógica puramente gramatical— en pretérito pluscuamperfecto de subjuntivo ("mejillas donde un beso hubiera —o hubiese— teñido purezas de magnolia"), que es el tiempo indicador de una acción pasada respecto de otra pasada. Pero el poeta, llevado del encanto del recuerdo, ve las ideales mejillas como teñidas de pureza por el beso en el mismo instante de su recordación, y emplea el presente; y así continúa, en pleno presente, viendo (aunque la luz le venga del pasado) "un rubio pelo que en el ocaso *ondea*".

No es posible, para no hacer excesivamente extenso este estudio introductorio a *Sombra del paraíso*, sino dar algunos ejemplos de su lenguaje tropológico. Así debe hacerse con la superposición de imágenes, característica muy notable de estos poemas. Tal superposición llega, en ocasiones, a confundir unas imágenes y otras, a comunicarlas hasta que se contagian mutuamente sus efectos. Véase esta muestra, tomada del poema "Criaturas en la aurora":

> Allí vivisteis. Allí cada día presenciasteis la tierra,
> la luz, el calor, el sondear lentísimo
> de los rayos celestes que adivinaban las formas,
> que palpaban tiernamente las laderas, los valles,
> los ríos con su ya casi brillante espada solar,
> acero vívido que guarda aún, sin lágrima, la amarillez tan
> la plateada faz de la luna retenida en sus ondas.   [íntima,

Tenemos un sujeto: *los rayos celestes,* los cuales *adivinaban las formas* y *palpaban las laderas, los valles* y *los ríos.* O sea, que al ir amaneciendo, la luz va iluminando el paisaje; primero *adivina* las formas, esto es: las destaca de la sombra; luego, las *palpa,* sensual manera de decir que las ilumina del todo. Hasta aquí no hay dificultad. Pero después de *los ríos,* se añade: *con su ya casi brillante espada solar.* Esta *espada solar* tanto puede aludir a los propios rayos cuanto a los ríos. Para ambos sería adecuada la nueva imagen introducida. Lo de "ya casi brillante" podría inclinarnos a su atribución a los rayos cada vez más intensos, pero también sería adecuado a sus efectos sobre el agua, produciendo, a medida que crece el día, un brillo metálico: una *espada solar,* en términos metafóricos.

Si seguimos con los versos citados, tras *espada solar,* encontramos un *acero vívido.* Otra imagen que nos crea nueva duda. Ese *vívido acero,* ¿se refiere a *los ríos* o continúa refiriéndose a *los rayos*? Se nos dice *que guarda aún la amarillez tan íntima* y *la plateada faz.* Esto es: sol = amarillez —día—, y luna = plateada faz —noche—. Luego *acero* debe de referirse a *los ríos,* ya que, a mayor abundamiento, se guarda *en sus ondas.* Pero *los rayos celestes* también lanzan ondas (luminosas) y también participan, sobre todo en las horas del amanecer, de la luz de la luna y de la del sol.

Como se ve, la imagen de la espada y la imagen del acero que, lógicamente, se continúan o, al menos, se relacionan inevitablemente por la correspondencia de instrumento y material, pueden estar refiriéndose a un sujeto u a otro, o bien uno a cada uno de los dos. Por si fuera poco, todavía en uno de los versos se incrusta otra sub-imagen: "guardar aún, *sin lágrima,* la amarillez...". Sin duda hemos de tomar *lágrima* como símbolo de tristeza o de dolor, y tenemos un nuevo tropo, por metonimia, que atribuye felicidad (no-lágrima) al tiempo de aquellos *rayos celestes,* de aquellos *ríos.*

Otras veces la confusión de las imágenes —esa confusión forma parte del encanto metafórico del libro— se produce por atribuir las cualidades cambiadas. En la estrofa:

Allí nacían cada mañana los pájaros,
sorprendentes, novísimos, vividores, celestes.
Las lenguas de la inocencia
no decían palabras:
entre las ramas de los altos álamos blancos
sonaban casi también vegetales, como el soplo en las frondas.
¡Pájaros de la dicha inicial, que se abrían
estrenando sus alas, sin perder la gota virginal del rocío!

la primera duda es si esas *lenguas de la inocencia* son los propios pájaros, así calificados metafóricamente, puesto que vuelven a aparecer como *pájaros de la dicha inicial,* o bien si se trata de un nuevo sujeto: la inocencia misma, que aparece *sonando* como un *soplo.* Pero, además, en el último verso, el efecto —sensación de pureza elemental y prístina— se logra, según creo, por atribución contraria: no es que tan ideales pájaros *estrenen* sus alas sin perder lo virginal del rocío, sino que las estrenan sin perder el rocío de lo virginal. Esto es: que si, en lo que llamaríamos la visión inmediata del poema, el ala del pájaro se abre sin que desaparezca el rocío mañanero que la mojaba, en su visión mediata lo que no pierde el ala es la virginal pureza que, como una gota de rocío, la distingue privilegiadamente.

Los poemas de *Sombra del paraíso* son, con frecuencia, una continuada imagen, complicada más y más. Tomo, como ejemplo último, el titulado "Destino trágico". Comienza con una supuesta confusión alógica: el mar, con el viento entre los árboles. O más exactamente: "con la espuma instantánea del viento entre los árboles". Ya tenemos una sub-imagen: el viento como "espuma instantánea". En seguida se nos dirá que no, que "el mar es distinto", que "no es viento, no es su imagen". Continuará diciéndosenos lo que no es el mar, en una serie de metáforas, pero, con la técnica de la negación a que antes se ha aludido, esa serie de metáforas nos suscitan extrañas relaciones insospechadamente sugestivas. Todo el poema es, para mí, la imagen del destino del suicida, que pasa del amor a la desesperación y que se quita la vida ahogándose entre las olas. Ello se expresa a través de las sucesivas imágenes en torno al mar. Ahora bien, no se comparan paralelamente vida-mar, o amor-mar, o muerte-mar, sino que una cadena de imágenes eslabona efectos superpuestos. Las "alisadas plumas" del mar, que es una imagen casi directa del mar en calma, suscita la alusión —negativa— al torso de una paloma, con lo que se produce el paso de la grandiosidad telúrica a la reducida forma de un pequeño ser. Cierto que la alusión se hace para advertirnos que no lo confundamos (pasa del singular *confundes* al plural *confundáis*) pero la aparición imaginativa ya hizo su efecto. Del plumaje suave de la paloma, se pasa al "pujante acero" del plumaje del águila. Nueva sub-imagen: pluma de águila = pujante acero. La presencia del águila —símbolo frecuente en la zoología aleixandrina— la constituye, por un momento, en protagonista. *Estrujan* el atardecer, lanzando un resplandor de ocaso sobre el mar, y arrojan la noche *allí*. Ese *allí* es el horizonte en sombra de donde volverá a salir *mañana* el *sol*, al cual, durante el lapso nocturno, se le denomina —nueva imagen— *niño sin vida*. El poema vuelve al mar para decirnos que no es piedra su esmeralda. El mar es, pues, una *esmeralda* —imagen de color que se mantiene en una comparación lógica—, pero no piedra *toda labios tendiéndose*. He aquí, de súbito, un elemento sensual cuya atribución nunca sabremos. ¿Labios del mar o de la piedra? No importa: la imagen, sin referencia real posible, ha cumplido su misión de despertar unas percepciones sensuales que se completan al infundir, en los versos siguientes, latido de ser vivo a la playa, mediante una imagen más: *el rumoroso corazón que la invade*.

Las imágenes que aparecen a continuación relacionan, con visión bastante directa, el mar con un bosque. Árboles = mástiles, vientos verdes que mueven a ambos. La correlación de planos, en el curso de unos pocos versos, se desarrolla con bastante claridad, hasta llegar a un misterioso ruiseñor, cuyos trinos reaparecerán al final del poema:

> ruiseñor de los mares, noche tenue sin luna,
> fulgor bajo las ondas donde pechos heridos
> cantan tibios en ramos de coral con perfume.

Se aluda o no a los ahogados; se aluda o no a una vida secreta intramarina —como en otras ocasiones el poeta hizo con la vida intraterrestre—, la imagen, o mejor: las imágenes, entran aquí en lo sonámbulo, en la pura fantasía o en el acopio de lo subconsciente. Su turbadora belleza es tanta como su impenetrabilidad por vía lógica. El poema ha entrado en una zona de inquietante hermosura; el mar es ahora el cuerpo de un animal, tan sensualmente cálido, que es un cuerpo de amor la idea que nos suscita. El animal —mar o amor— es un tigre dormido —otro símbolo peculiar de la fauna aleixandrina—, y resultará vano todo intento de hallar hebra unitiva para los flotantes terciopelos de las imágenes. Ni el mar ni el amor pueden, lógicamente, ser un tigre, pero la fantasía del poeta propicia la asociación y la convierte en poéticamente sugestiva, de alguna manera participable y, por ende, eficaz.

Torna el mecanismo de la imagen sobre la imagen, y nos encontramos con una serie de tropos en torno a las fauces, los ojos y la piel del tigre, de un tigre —recordemos— inexistente, de un tigre que surgió en el poema él mismo como tropo, como elemento poético que comparaba sensualmente el mar y el amor.

Desde la sensualidad de un *cuerpo* (¿mar, tigre, amor?) *caliente* y *dulce*, como *bulto entregado*, el poema se precipita en lo irrefragable del destino. Misteriosas *alas oscuras,* pronunciarán arrebatadas palabras de espuma. Esa *dulce saliva* lubrica doblemente las palabras de los labios abisales que *se entreabren* y que *invocan.* La atracción del mar se refleja en los versos como un *mensaje* no revelado. Un mensaje que sólo conocerán aquellos que den el paso definitivo. El poeta echa mano de una ambientación romántica: "un viento huracanado", "el poniente trágico", "una roca instantánea" (es decir: entrevista apenas en el instante crepuscular) y el cuerpo que va a "hendir los aires" para "caer espumante en los senos del agua". Si durante cinco versos el poema se mantiene en una expresión casi tradicional, el hipálage de este sexto verso endereza su línea originaria: el objetivo *espumante,* propiamente aplicable al agua donde el cuerpo va a caer, es aplicado a ese mismo cuerpo cayente, en una atribución que lo aureola y embellece en el instante trágico en que va a morir. Y el poema se cierra con el retorno de los ruiseñores del mar, que alzan *trinos alegres* al recibir el cuerpo del suicida, fundido así definitivamente con lo telúrico. La imagen de esos ruiseñores constituye una de las más originales, bellas y trascendentes zonas del poema —y aun de los poemas todos del libro—, pues supone la plasmación verbal —bellísima— de una de las ideas centrales: la panteísta de unidad cósmica en la que el ser humano se integra.

* * *

He formulado estas notas de lectura para intentar dar idea de la complejidad que ofrece el mundo metafórico de *Sombra del paraíso,* completando así, con la interpretación llevada a cabo en páginas precedentes y el análisis del vocabulario de las inmediatamente anteriores, la visión del libro cuya edición me honro en presentar seguidamente.

LEOPOLDO DE LUIS

(Otoño, 1973)

NOTICIA BIBLIOGRÁFICA

PRIMERAS EDICIONES

I. Poesía

Ámbito. Málaga, Litoral, 1928.
Espadas como labios. Madrid, Espasa-Calpe, 1932.
Pasión de la tierra. México, Fábula, 1935.
La destrucción o el amor. Madrid, Signo, 1935.
Sombra del paraíso. Madrid, Adán, 1944.
En la muerte de Miguel Hernández. Cuadernos de las Horas Situadas, Zaragoza, 1948.
Mundo a solas. Madrid, Clan, 1950.
Poemas paradisíacos. Málaga, El Arroyo de los Angeles, 1952.
Nacimiento último. Madrid, Ínsula, 1953.
Historia del corazón. Madrid, Espasa-Calpe, 1954.
Consumación. Málaga, Dardo, 1956.
Picasso. Málaga Cuadernos de M.ª Cristina, 1961.
Antigua casa madrileña. Santander, Clásicos de todos los años, 1961.
En un vasto dominio. Madrid, Revista de Occidente, 1962.
Retratos con nombre. Barcelona, El Bardo, 1965.
Dos vidas. Málaga, Cuadernos de M.ª José, 1967.
Poemas de la consumación. Barcelona, Plaza & Janés, 1968.
Sonido de la guerra. Valencia, Hontanar, 1972.
Diálogos del conocimiento. Barcelona, Plaza & Janés, 1974.

II. Prosa

En la vida del poeta: El amor y la poesía. Madrid, Real Academia Española, 1950.
Algunos caracteres de la nueva poesía española. Madrid, Instituto de España, 1955.
Los encuentros. Madrid, Guadarrama, 1958.

III. Obras Completas

Poesías Completas. Madrid, Aguilar, 1960.
Obras Completas. Madrid, Aguilar, 1968.

IV. Antologías

Ocho poemas (Seleccionados por su autor). Montevideo (Uruguay). Cuadernos de Julio Herrera y Reissig, 1955.
Mis mejores poemas. Madrid, Gredos, 1956.
Poemas amorosos. Antología. Buenos Aires, Losada, 1960.
Presencias. Barcelona, Seix Barral, 1965.
Antología del mar y la noche. Madrid, Al-Borak, 1971.
Poesía superrealista. Antología. Barcelona, Barral Editores, 1971.

V. Traducciones de sus obras

Poesie. A cura di Dario Puccini. Salvatore Sciascia Editore, Roma, 1961.
Nackt wie der glühende Stein. Von Erich Arendt. Hamburgo, Rowohlt, 1963.
Histoire du Coeur. Version française Jacques Comincioli. Editions Rencontre, Lausanne, 1969.
La distruzione o amore. Traduzione di Francesco Tentori Montalto. Giulio Einaudi Editore, Torino, 1970.
Poesie della consumazione. Traduzione di Francesco Tentori Montalto, Rizzoli Editore, Milano, 1972.
Umbra paradisului. Notà introductivà, selectie si traducere de Sorin Màrculescu. Editure Univers, Bucuresti, 1972.
La destruction ou l'amour. Poèmes traduits de l'Espagnol par Jacques Ancet. Fédérop. Lyon, 1975.

Ediciones de "Sombra del paraíso"

Sombra del paraíso. Madrid, Adán, 1944 (Colección "La creación literaria), dirigida por Joaquín Gurruchaga, I). 220 pp. 17 × 23.
Sombra del paraíso. Buenos Aires (Argentina), Losada, S. A., 1947 (Colección "Poetas de España y América"). 192 pp. 15 × 20,5.

Sombra del paraíso. Buenos Aires (Argentina), Losada, 1967 (Biblioteca Clásica y Contemporánea, volumen número 324). 128 pp. 11,5 × 18.

En *Poesías Completas.* Madrid, Aguilar, 1960 (Colección Literaria). pp. 461 a 579.

En *Obras Completas.* Madrid, Aguilar, 1968 (Biblioteca de Autores Modernos). pp. 481 a 598.

Poemas paradisíacos. Málaga, 1952 (Colección "El Arroyo de los Ángeles"). Edición numerada. 88 pp. 16,5 × 21.

Esta edición incluye: I. Criaturas en la aurora. El río. La isla. Nacimiento del amor. Diosa. Primavera en la tierra. Hijo del sol. Mar del paraíso. Al cielo. - II. Los inmortales. 1, La tierra. 2, El fuego, 3, El aire. 4, El mar. - III. Padre mío. Destino de la carne. No estrella. El cuerpo y el alma. Ciudad del paraíso. Los dormidos. Hijos de los campos. Mensaje. Prólogo del autor, con el título "Nota para una edición malagueña", firmado en julio de 1952. Dedicatoria: "A Emilio Prados, mi compañero de la niñez en nuestra ciudad del paraíso".

EDICIONES DE "CINCO POEMAS PARADISÍACOS"

En *Nacimiento último.* Madrid, Ínsula, 1953. pp. 91 a 108.

En *Poesías Completas.* Madrid, Aguilar, 1960. pp. 647 a 659.

En *Obras Completas.* Madrid, Aguilar, 1968. pp. 663 a 674.

POEMAS DE "SOMBRA DEL PARAÍSO"
incluidos en los libros traducidos,
según la nota bibliográfica

En el volumen *Poesie* (Roma, 1961): El poeta. Nacimiento del amor. Mar del paraíso. Plenitud del amor. La Lluvia. El sol. La palabra. La tierra. El fuego. El aire. El mar. Padre mío. Ciudad del paraíso.

En el volumen *Nackt wie der glühende stein* (Hamburgo, 1953): El poeta. Criaturas en la aurora. Sierpe de amor. Nacimiento del amor. Arcángel de las tinieblas. La verdad. El desnudo. El cuerpo y el alma. Los besos. Casi me amabas. Como serpiente. Plenitud del amor. Los dormidos. La lluvia. El sol. La palabra. La tierra. El fuego. El aire. El mar. Desterrado de tu cuerpo. Cuerpo de amor. Cabellera negra. Padre mío. Ciudad del paraíso. No basta.

En el volumen *Umbra Paradisului* (Bucaresti, 1972): Criaturas en la aurora. Nacimiento del amor. Como serpiente. Plenitud del amor. Los inmortales. Cabellera negra. Padre mío. Ciudad del paraíso. Hijos de los campos.

En el volumen *Trionfo del amore* (Milano, 1972): El poeta. Nacimiento del amor. Mar del paraíso. Plenitud del amor. La lluvia. El sol. La palabra. La tierra. El fuego. El aire. El mar. Padre mío. Ciudad del paraíso. Destino de la carne. Hijos de los campos.

BIBLIOGRAFÍA SELECTA SOBRE EL AUTOR

1. LIBROS SOBRE VICENTE ALEIXANDRE

Bousoño, Carlos. *La poesía de Vicente Aleixandre.* Madrid, 3.ª edic., 2.ª en la Edit. Gredos. 1968.

Celaya, Gabriel. *Cantata en Aleixandre.* Palma de Mallorca. Las ediciones de "Papeles de Son Armadans". 1961.

Charry Lara, Fernando. *Cuatro poetas del siglo XX: Rilke, Machado, Valéry, Aleixandre.* Universidad Nacional de Colombia. Bogotá, 1947.

Galilea Hernán. *La poesía superrealista de Vicente Aleixandre.* Colección "El espejo de papel". Santiago de Chile. Cuadernos del Centro de Investigaciones de Literatura comparada. Universidad de Chile, 1971.

Luis, Leopoldo de. *Vicente Aleixandre* (Biografía y estudio crítico). Madrid. Edit. EPESA, 1970.

Morelli, Gabrieli. *Linguaggio poetico del primo Aleixandre.* Milano. Ciralpino-Goliardica. 1972.

Puccini, Darío. *La parola poetica di Vicente Aleixandre.* Roma. Mario Bulzoni Editore. 1971.

———, *Trionfo dell amore.* Studio critico e antologia. Milano. Edizioni Accademia. 1972.

Schwartz, Kessel. *Vicente Aleixandre.* Twayne World Authors Series, Twayne Publishers Inc., New York, 1970.

Varios. *Homenaje a Vicente Aleixandre* (Poemas de ochenta y cuatro autores). Madrid, Ínsula, 1968.

2. NÚMEROS DE REVISTAS DEDICADOS

Agora. Núms. 29-30. Madrid, marzo-abril de 1959.

Corcel. Núms. 5-6. Valencia, 1944.

El Bardo. Núm. 5. Barcelona, 1964.

Gánigo. Núm. 26. Isla de Tenerife, marzo-abril 1957.
Ínsula. Núm. 50. Madrid, febrero de 1950.
La Venencia. Núm. 5. Jerez de la Frontera, 1963.
Nivel. Núm. 37. México, enero 1962.
Papeles de Son Armadans. Núms. XXXII-XXXIII. Palma de Mallorca, noviembre-diciembre 1958.

3. ENSAYOS Y ARTÍCULOS

Son muy numerosos los ensayos y artículos publicados en torno a la obra de Vicente Aleixandre. La bibliografía más completa hasta hoy —con 798 fichas— ocupa las últimas páginas del libro de Carlos Bousoño reiteradamente citado, cuya tercera edición (segunda en la editorial Gredos, Madrid, 1968) incluye y amplía la que ofreció el número XXXII-III de *Papeles de Son Armadans* en noviembre de 1958, la cual, a su vez, partía de la segunda edición (1956) de la propia obra de Bousoño.

La bibliografía que sigue es, en cuanto a la ya publicada, una breve síntesis, puesto que el lector interesado en más amplia información puede hallarla en el volumen citado. Hemos preferido conceder más espacio a las fichas hasta ahora no recogidas. Así pues, la bibliografía que sigue está dividida en tres grupos: *a*) artículos sobre *Sombra del paraíso*; *b*) estudios de tipo general. En ambos grupos se marcan mediante asterisco (*) aquellas fichas que no figuran en el tan repetido libro de Bousoño. El grupo *c*) recoge un centenar de fichas que, hasta ahora, no habían sido relacionadas, con lo cual se completa la bibliografía existente, y creemos que prestamos un servicio a la confección del censo actualizado de las publicaciones sobre la obra de nuestro poeta (1973).

a) Selección de artículos en torno a *Sombra del paraíso.*

A. C., "Sobre el último libro de Aleixandre", en *La verdad,* Murcia, 3 de agosto de 1944.
A. E. M., "Vicente Aleixandre: Sombra del paraíso"; en *Hierro,* Bilbao, 5 de octubre de 1944.
Aguado, Emiliano, "Sombra del paraíso", en *Pueblo,* Madrid, 4 de julio de 1944.
Alonso, Dámaso, "Visión paradisíaca en la poesía de Aleixandre", en *El Español,* Madrid, 5 de mayo de 1944.

Álvarez Villar, Alfonso, "El tema del paraíso", en *Cuadernos Hispanoamericanos,* Madrid, febrero de 1964. Número 170.

Andrónico (Masoliver, Juan Ramón), "Aleixandre en su paraíso", en *Destino,* Barcelona, agosto 1944.

Arana, M.ª Dolores, "Vicente Aleixandre: Sombra del paraíso", en *Las Españas,* México, abril de 1948.

Arteche, Miguel, "Sombra del paraíso, por Vicente Aleixandre", en *Atenea,* 297, Santiago de Chile, marzo de 1950.

B., "Aleixandre, Vicente: Sombra del paraíso", en *Jornada,* Valencia, 21 octubre de 1944.

Benítez Claros, Rafael, "Vicente Aleixandre: Sombra del paraíso", en *Cuadernos de Literatura Contemporánea,* 15, Madrid, 1944.

Canales, Alfonso, "Poemas paradisíacos de Aleixandre", en *Sur,* Málaga, 8 de febrero de 1953.

Cano, José Luis, "Málaga en la poesía de Vicente Aleixandre", en *Sur,* Málaga, 26 noviembre de 1944.

——, "Sombra del paraíso", en *Mediterráneo,* núms. 9-10-11, Valencia, 1945.

——, "Vicente Aleixandre y su ciudad del paraíso", en *Papel Literario* de *El Nacional,* Caracas, julio 1958.

Cohen, J. M., "Exile from paradise", en *The Times Literary,* London, 27 de mayo 1957.

Crémer, Victoriano, "*Sombra del paraíso,* de Vicente Aleixandre", en *Diario de León,* León, 1 julio de 1944.

Diego, Gerardo, "Ciudad del paraíso", en el diario *ABC,* Madrid, 6 febrero 1944.

Ferreres, Rafael, "*Sombra del Paraíso,* por Vicente Aleixandre", en *Levante,* Valencia, 5 abril de 1945.

Frutos, Eugenio, "La luminosa poesía de Vicente Aleixandre", en *Amanecer,* Zaragoza, 6 diciembre 1944.

G. de Lama, Antonio, "Sombra del paraíso", en *Espadaña,* León, junio de 1944, núm. 3.

Gaos, Vicente, "*Sombra del paraíso,* de Aleixandre", en *Jornada,* Valencia, 20 junio de 1944.

García Nieto, José, "A Vicente Aleixandre", en *Juventud,* Madrid, 4 de julio de 1944.

Gil, Ildefonso Manuel, "Vanguardia y complemento de *Sombra del paraíso,* en el último libro de Vicente Aleixandre", en *Cuadernos Hispanoamericanos,* núm. 15, Madrid, mayo-junio 1950.

Jiménez, Salvador, "Noticia elogio de *Sombra del paraíso*", en *Línea*, Murcia, 25 octubre de 1944.

"Júbilo del Parnaso español: *Sombra del paraíso* de Vicente Aleixandre", En *Córdoba*, Córdoba, 27 agosto de 1944.

León, Rafael, "Ciudad del paraíso", en *Sur*, Málaga, 10 abril 1954.

Luis, Leopoldo de, "Poemas paradisíacos. De Vicente Aleixandre", en *Poesía Española*, núm. 12, Madrid, diciembre de 1952.

* ———, "Otro acercamiento a *Sombra del paraíso*", en *Sagitario*, núm. 1, Western Michigan University, Kalamazoo, septiembre de 1971.

* Martínez, David, "*Sombra del paraíso*: cifra de un poeta", en *La Nación*, Buenos Aires, 24 septiembre 1967.

Morales, Rafael, "Sombra y luz del paraíso en la poesía de Aleixandre", en *La Estafeta Literaria*, Madrid 28 febrero de 1945.

Muñoz, Rafael José, "Vicente Aleixandre, *Sombra del paraíso*", en *El Universal*, Caracas, 22 octubre 1967.

Muñoz Rojas, José Antonio, "*Sombra del paraíso*, de Vicente Aleixandre", en *Escorial*, núm. 43, Madrid, Mayo 1944.

Panero, Leopoldo, "La poesía de Vicente Aleixandre: *Sombra del paraíso*", en *Arriba*, Madrid, 4 de julio 1944.

* Portugal, Ana María, "El paraíso del amor", en *Correo*, de Lima, 4 noviembre 1967.

Rodríguez Spiteri, Carlos, "Vicente Aleixandre: *Sombra del paraíso*", en *Sur*, de Málaga, 15 octubre 1944.

Ruiz Peña, Juan, "La cósmica voz de Vicente Aleixandre", en *ABC*, Sevilla, 20 agosto 1944.

Torre, Guillermo de, "Vicente Aleixandre: *Sombra del paraíso*", en *Realidad*, Buenos Aires, marzo-abril de 1948.

Vega, "*Sombra del paraíso*", en *Juventud*, Madrid, 9 agosto de 1944.

"Vicente Aleixandre: *Sombra del paraíso*", en *Arte y Hogar*, agosto de 1944.

"Vicente Aleixandre: *Sombra del paraíso*", en *Haz*, número 14, Madrid, 1949.

Vilanova, Antonio, "La poesía de Vicente Aleixandre", en *Estilo*, núm. 10, Barcelona, 27 de enero de 1945.

Zardoya, Concha, "La presencia femenina en *Sombra del paraíso*", en *Revista de las Indias,* núm. 107, Bogotá, enero-febrero 1949.

b)   Selección de ensayos generales sobre la obra de Aleixandre.

Alonso, Dámaso, en "Poetas españoles contemporáneos", Gredos, Madrid, 1952, pp. 281-332.

Alonso Schökel, Luis, "Trayectoria poética de Aleixandre", en *Revista Javeriana,* núm. 208, Bogotá, septiembre 1954, pp. 166-184.

Álvarez Villar, Alfonso, «El panteísmo en la obra poética de Aleixandre", en *Cuadernos Hispanoamericanos,* números 175-176, Madrid, julio-agosto 1964, pp. 178-184.

Badosa, Enrique, "Mis poemas mejores, de Aleixandre", en *El Noticiero Universal,* Barcelona, 12 marzo 1957.

Blasco, Ricardo Juan, "Un poeta se encara con la eternidad", en *Trivium,* núms. 11-12, Monterrey, México, 1950.

Bleiberg, Germán, "Vicente Aleixandre y sus poemas difíciles", en *Ínsula,* 50, Madrid, 15 febrero 1950.

Bodini, Vittorio, "Los poetas surrealistas españoles", Edit. Tusquets, Barcelona, 1971.

Bousoño, Carlos, "El término gran poesía y la poesía de Vicente Aleixandre" en *Papeles de Son Armadans,* números 32-33, Madrid-Palma de Mallorca, noviembre-diciembre 1958.

———, "Sentido de la poesía de Vicente Aleixandre", prólogo al volumen de *Obras Completas,* Ed. Aguilar, Madrid, 1968.

———, obra citada. Ed. Gredos, Madrid, 1968.

Busuiceanu, Alejandro, "El epifanismo de Vicente Aleixandre", en *Ínsula,* núm. 39, Madrid, 15 marzo 1949.

* Cano, José Luis, Diez ensayos recogidos en *La poesía de la Generación del 27,* pp. 126 a 188, Ed. Guadarrama, col. Punto Omega, Madrid, 1970.

* ———, Prólogo a la edición de *Espadas como labios* y de *La destrucción o el amor,* en Edit. Castalia, Madrid, 1972.

* Carenas, Francisco, y Alfredo Gómez Gil, "En torno a Vicente Aleixandre", en *Cuadernos Hispanoamericanos,* núm. 270, Madrid, diciembre 1972.

Castillo-Elejabeytia, Dictinio de, "La poesia di Vicente Aleixandre", en *Il Giornale dei poeti*, Roma, 21 julio 1955.

Celaya, Gabriel, "Notas para una cantata en Aleixandre", en *Papeles de Son Armadans*, núms. 32-33, Madrid-Palma de Mallorca, noviembre-diciembre 1958.

* Cernuda, Luis, Dos ensayos en el volumen "Crítica, Ensayos y Evocaciones", Ed. Seix Barral, Biblioteca Breve, Barcelona, 1970.

Charry Lara, Fernando, *Cuatro poetas del siglo XX: Aleixandre, Rilke, Machado, Valéry*, Ed. Universidad Nacional de Colombia, Bogotá, 1947.

Chumacero, Alí, "Vicente Aleixandre: Mis mejores poemas", en *Estaciones*, núm. 7, México, otoño 1957.

Domingo, José, "La humana poesía de Vicente Aleixandre", en *La Tarde*, Santa Cruz de Tenerife, 16 mayo 1957.

Doreste, Ventura, "Aspectos de Aleixandre. Con motivo de sus Poesías Completas", en *Insula*, núm. 167, Madrid, octubre 1960.

Fernández Almagro, Melchor, "Poesía de Vicente Aleixandre", en *La Vanguardia*, Barcelona, 13 marzo 1957.

Ferreres, Rafael, "Vida entera de poesía", en *Levante*, Valencia, 29 mayo 1960.

Florit, Eugenio, "Vicente Aleixandre: Mis poemas mejores", en *Revista Hispánica Moderna*, vol. XXIV, números 2-3, Nueva York.

Froldi, Rinaldo, "Due poesie di Vicente Aleixandre", en *La Fiera Litteraria*, Roma, 14 diciembre 1952.

Frutos, Eugenio, "Las poesías completas de V. Aleixandre", en *Índice*, Madrid, junio-julio 1961.

Fuster, Joan, "Poesía de Vicente Aleixandre", en *Jornada*, Valencia, 20 julio 1960.

Galilea, Hernán, libro citado.

García Morejón, Julio, "A Lirica de Aleixandre", en *Suplemento Leterário*, São Paulo, 26 agosto 1961 (Edit. por la Cátedra de Literatura de la Universidad).

Garcíasol, Ramón de, "Vicente Aleixandre: *Poesías Completas*", en *Revista Nacional de Cultura*, Caracas, mayo-agosto 1960.

* Gullón, Ricardo, "Itinerario poético de Vicente Aleixandre", en *Papeles de Son Armadans*, núms. 32-33, Madrid-Palma de Mallorca, noviembre-diciembre 1958.

* Ilie, Paul, en el volumen *Los surrealistas españoles,* Ed. Taurus, colec. Persiles 54, Madrid, 1972.

Jiménez, José Olivio, en *Cinco poetas del tiempo,* volumen editado por "Ínsula", Madrid, 1964.

* Latino, Simón, número 40 de *Cuadernillos de poesía,* Buenos Aires, septiembre 1959.

Leyva, Raúl, "La poesía de Vicente Aleixandre", en *Excelsior,* México, 21 julio 1963.

López Gorgé, Jacinto, "Vicente Aleixandre y sus poemas mejores", *Diario de África,* Tetuán, julio 17, de 1957.

* Luis, Leopoldo de, libro citado.

* Lundkvist, Artur, "Spansk poet. Det talas om hans ohäalsa av järn", en *Vecko Journalen,* Estocolmo, 2 de mayo de 1973.

Macrí, Oreste, en *Poesie spagnola del novecento,* Guanda, Collezione Fenice, Bologna, 1952.

Mantero, Manuel, "La plenitud del ser y la armonía del Universo en la poesía de Aleixandre", en *Agora,* números 43-45, Madrid, mayo-junio 1960.

Marías, Julián, "Aleixandre, Vicente", en Diccionario de Literatura Española, ed. *Revista de Occidente,* cuarta edición, Madrid, 1972.

* Marco, Joaquim, "Significación popular de la poesía de Vicente Aleixandre" y "Las *Obras Completas* de V. Aleixandre", en el volumen *Ejercicios Literarios,* Edit. Taber, Barcelona, 1969.

Medina, José Ramón, "Vicente Aleixandre en una antología", en *Razones y Testimonios,* ed. Cuadernos Literarios, Caracas, 1960.

* Molina Foix, Vicente, "Vicente Aleixandre: 1924-1969", en *Cuadernos Hispanoamericanos,* núm. 242, Madrid, febrero 1970.

Molho, Mauricio, "La aurora insumisa de Vicente Aleixandre", en *Ínsula,* Madrid, 15 febrero 1947.

Mostaza, Bartolomé, "El poeta reunido", en *Ya,* Madrid, 5 octubre 1960.

* Morelli, Gabrieli, obra citada.

Nora, Eugenio, "Forma poética y cosmovisión en la obra de Vicente Aleixandre", en *Cuadernos Hispanoamericanos,* Madrid, enero-febrero de 1949.

Norberto Silva, Mario, "Vicente Aleixandre", en *Explosión,* núms. 2-3, Buenos Aires, enero-marzo 1961.

Reyes Nevares, Salvador, "Vicente Aleixandre: Mis páginas mejores", en *Estaciones,* núm. 7, México, Otoño 1957.

Río, Ángel del, "La poesía surrealista de Aleixandre", en *Revista Hispánica Moderna,* Columbia University, New York, octubre 1935.

Rossler, Osvaldo, "El orbe poético de Vicente Aleixandre", en *La Nación,* Buenos Aires, 4 septiembre 1960.

Sainz de Robles, Federico Carlos, en *Historia y antología de la poesía castellana,* edit. Aguilar, Madrid (varias ediciones).

———, "Poesías completas de Aleixandre", en *Madrid,* 16 julio 1960, Madrid.

Salazar Chapela, E., "Poesías Completas", en *Internacional PEN,* London, vol. XIII, núm. 3, 1962.

* Santos, Dámaso, "Cantata con Aleixandre", en el vol. *Generaciones Juntas,* edit. Bullón, Madrid, 1962.

Valente, José Ángel, "El ciclo de la realidad imaginada. Notas sobre la poesía de Vicente Aleixandre en un aniversario", en *Índice,* núm. 123, Madrid, marzo 1959.

Vázquez Zamora, Rafael, "Poesías completas de Aleixandre", en *España,* Tánger, 12 marzo 1961.

* Vivanco, Luis Felipe, en "La generación poética del 27", dentro de la *Historia General de las Literaturas Hispánicas,* vol. VI, edit. Vergara, Barcelona, 1968.

Zardoya, Concha, "Vicente Aleixandre: De *La destrucción o el amor* a *Los Encuentros*", en el volumen *Poesía española contemporánea,* edit. Guadarrama, Madrid, 1961.

c) Otros trabajos, no incorporados a las bibliografías publicadas con anterioridad:

A. R., "Esa *o* de Aleixandre", en *Verde yerba,* fascículos 7-8, Barcelona, 1967.

Acosta Montoro, José, "Vicente Aleixandre", en *Diario Vasco,* 26 enero 1969.

Acosta Polo, Benigno, "La intemporalidad de Aleixandre", en *La República,* Bogotá, 29 noviembre 1968.

Aller, César, "El libro más reciente de Vicente Aleixandre", en *Arbor,* núm. 276, Madrid, 1969.

———, "Las obras completas de Vicente Aleixandre", en *Arbor,* núms. 285-286, septiembre-octubre 1969.

Anónimo, "The undivided cosmos: Vicente Aleixandre",

"Obras Completas", en *The Times Literary,* núm. 3.515, 10 julio 1969.

Arroita-Jáuregui, Marcelo, "Homenaje distante", en *El Alcázar,* Madrid, 25 de mayo de 1973.

Aub, Max, en *La gallina ciega* (pp. 188-191), edit. J. Mortiz, México, 1971.

Badosa, Enrique, "Homenaje a Vicente Aleixandre", en *El Noticiero Universal,* Barcelona, 11 de marzo de 1969.

Barnatán, Marcos Ricardo, "Mundo a solas, o el victorioso ardor expresivo de Vicente Aleixandre", en *Ínsula,* mayo 1971.

Bustamante, Juby, y Miguel Logroño, "Encuentro con Vicente Aleixandre", en *Madrid,* de Madrid, 18 enero 1969.

Cano, José Luis, "Un homenaje a Vicente Aleixandre", en *Papel Literario* de *El Nacional,* Caracas, 7 julio 1968, y en la revista *Asomante,* núm. 3, Puerto Rico, 1968.

————, "Vicente Aleixandre: 75 años", en *Triunfo,* número 553, Madrid, 5 mayo 1973.

Carracedo, J., "Aleixandre: mis mejores poemas", en *Estudio Agustiniano,* vol. III, Valladolid, 1968.

Carnero, Guillermo, "Conocer y saber en *Diálogos del conocimiento*", en *Ínsula,* Madrid, julio-agosto 1972.

————, "Conocer y saber en *Poemas de la consumación* y *Diálogos del conocimiento,* de Vicente Aleixandre", en *Cuadernos Hispanoamericanos,* Madrid, junio 1973.

Carballo, Emmanuel, "Aleixandre completo", en *Excelsior,* México, 2 de marzo de 1969.

Castroviejo, Concha, "Vida y poesía", en *Hoja del lunes,* Madrid, 28 abril 1969.

————, Nota sobre la edición crítica de *Espadas como labios* y *La destrucción o el amor,* en *Hoja del lunes,* Madrid, 5 de marzo de 1973.

Castaño, Adolfo, "*Poemas de la consumación*", en *Reseña,* núm. 26, Madrid, febrero de 1969.

Celis, Mari Carmen de, "Vicente Aleixandre: el padre poético de los jóvenes", en *El Adelanto,* Salamanca, 28 julio 1973.

Colinas, Antonio, "Con ocasión de la poesía superrealista de Vicente Aleixandre", en la revista *Trece de nieve,* núm. 3, primavera de 1972.

————, "Entrevista con Vicente Aleixandre", en *El Adelantado Bañezano,* La Bañeza, agosto de 1967.

Conte, Rafael, "El universo de Vicente Aleixandre", en *Informaciones*, de Madrid, 27 marzo de 1969.

Constante Bolaño, José, "Al servicio de la poesía", en *La República*, de Bogotá, 29 de noviembre de 1968.

Corbalán, Pablo, "Petición para Suecia", en *El Noticiero Universal*, Barcelona, 4 de marzo de 1969.

———, "Dos antologías: Gerardo Diego y Vicente Aleixandre", en *Informaciones*, 22 de julio de 1971.

Corcuera, Arturo, "Vicente Aleixandre en persona", en *Idea*, de Lima, julio-diciembre 1967.

Cuesta, José Luis, "Una antología de Aleixandre", en *Primera Página*, Alicante, 15 julio 1971.

———, "Aleixandre superrealista", en *Primera Página*, Alicante, 13 enero 1972.

Depretis, Gioncarlo, "Del clímax a las imágenes ascendentes y descendentes en la poesía aleixandrina", en *Quaderni Ibero Americano*, de Torino, diciembre 1972.

Díaz Plaja, Guillermo, "*Poemas de la consumación*", en *ABC*, Madrid, 21 noviembre 1968.

Dolç, Miguel, "El incesante estímulo de Vicente Aleixandre", en *La Vanguardia*, Barcelona, 23 octubre 1969.

Doltra, Esteban, "*Poemas de la consumación*", en *Hoja del lunes*, Barcelona, 23 diciembre 1969.

Domingo, José, "Actualidad de Vicente Aleixandre", en *El día*, de Santa Cruz de Tenerife, 6 octubre 1971.

———, "Los 75 años de Vicente Aleixandre", en *El día*, de Santa Cruz de Tenerife, 12 junio 1973.

Duhart, Saramaría, "Con Madrid y Vicente Aleixandre", en *Histonium*, de Buenos Aires, febrero de 1971.

Fancherean, Serge, "Toute une vie", en *La Quinzaine Littéraire*, núm. 38, París, 1 a 15 febrero 1970.

Fernández Pombo, Alejandro, "El hombre hecho verso", en diario *Ya*, 11 de diciembre 1968.

Ferreres, Rafael, "*Poemas de la consumación*", en *Levante*, 5 enero 1969, Valencia.

———, "*Mundo a solas*", en *Levante*, Valencia, 7 febrero 1971.

———, "*Antología del mar y la noche*", en *Levante*, de Valencia, 1 de agosto de 1971.

———, "Poesía superrealista de Vicente Aleixandre", en *Levante*, de Valencia, 5 marzo 1972.

———, "Dos libros de poesía de Aleixandre", en *Levante*, de Valencia, 8 de abril de 1973.

Figueroa Chapel, Ramón, "En gran noche: ocho poemas de Vicente Aleixandre", núm. 1 de la *Revista de Letras*, Universidad de Puerto Rico, marzo 1969.

Friedrich, Hugo, en "La struttura della lirica moderna" (edición italiana), Garzanti, Milano, 1971.

Gómez Santos, Marino, "Encuentro con Vicente Aleixandre", serie de cinco reportajes aparecidos en los diarios *Jornada*, de Valencia (18 a 23 abril 1968), *Arriba*, de *Madrid* (abril y mayo de 1968), *Mediterráneo*, de Castellón (mayo 1968), *Córdoba*, de Córdoba (abril 1968), y *Odiel*, de Huelva (julio 1968).

González Garcés, Miguel, "Vicente Aleixandre", en *La Voz de Galicia*, de La Coruña, 2 de febrero 1969.

Guereña, Jacinto Luis, "Vicente Aleixandre en sus obras completas", en *Papel Literario* de *El Nacional*, Caracas, 26 junio 1969.

Gomis, Lorenzo, "El viejo sabe", en *La Vanguardia*, Barcelona, 28 de noviembre 1968.

Ilie, Paul, "Vicente Aleixandre, poesía superrealista", en *Books* Abroad, Oklahoma University, verano 1972.

Infante Martos, José, "Conocimiento de Vicente Aleixandre", en *Sur*, de Málaga, 16 noviembre 1969.

———, "Vicente Aleixandre, hoy", en *Sol de España*, de Marbella, 3 de julio 1971.

J. M. (Luis Jiménez Martos), nota sobre "Poemas de la consumación", en *La Estafeta Literaria*, 1.º marzo 1969.

Jover, José Luis, "Vigencia del 27. Actualidad de dos nombres: Aleixandre y Diego", en *Pueblo*, de Madrid, 15 septiembre 1971.

Lacalle, Ángel, "Poemas de la consumación", en *Las Provincias*, de Valencia, 23 marzo 1969.

Lara, Fernando, "Un hombre para el Nobel", en *La Voz de Avilés*, 18 abril 1969.

Laín Entralgo, Pedro, "Para qué los poetas", en *Gaceta Ilustrada*, Madrid, 17 de junio de 1963.

Lord (Francisco Umbral), "Encuentro (horizontal) con Vicente Aleixandre", en *La Estafeta Literaria*, Madrid, 15 julio 1968.

L. B. J., "*Antología del mar y la noche*", en *Las Provincias*, de Valencia, 25 julio 1971.

Leiva, Raúl, "La poesía de Vicente Aleixandre, forma del conocimiento amoroso", en *El Nacional*, México, 16 noviembre 1969.

López Gorgé, Jacinto, "Vicente Aleixandre, poeta universal", en *España*, de Tánger, 28 de julio de 1968.

López Martínez, José, "La poesía total de Vicente Aleixandre", en *Hoy*, de Badajoz, 15 junio 1969.

Lobato, Joaquín, "Vicente Aleixandre, un poeta siempre joven", en *Sur*, de Málaga, 19 marzo 1969.

Lucio, Francisco, *"Poemas de la consumación"*, en *El ciervo*, Barcelona, 1969.

Luis, Leopoldo de, *"Poemas de la consumación"*, en *Cuadernos Hispanoamericanos*, núm. 231, marzo 1969.

————, "Vicente Aleixandre: Poesía superrealista", en *Revista de Occidente*, núm. 109, Madrid, abril de 1972.

————, "Velintonia, 3", en el diario *Ya*, Madrid, 27 de abril de 1973.

Manrique de Lara, José Gerardo, "Semblanza de Vicente Aleixandre, poeta sobre el mundo", en *El libro español*, núm. 186, junio 1973.

M. S. M., nota sobre *"Poemas de la consumación"*, en *La Voz de Almería*, 3 diciembre 1968.

Manegat, Julio, *"Poemas de la consumación"*, en *El Noticiero Universal*, Barcelona, 19 noviembre 1968.

Morales, Rafael, "Aleixandre y sus *Poemas de la consumación*", en *Arriba*, de Madrid, 8 diciembre 1968.

————, "Vicente Aleixandre en su verso y en su prosa", en *La Estafeta Literaria*, núm. 420, 15 de mayo de 1969.

————, *"Obras completas* de Aleixandre", en *Arriba*, de Madrid, 1 junio 1969.

Morales, Jesús, *"Poemas de la consumación"*, en *Jornada*, de Valencia, 12 de diciembre de 1968.

Miguel, Antonio de, "Mi compañero Vicente Aleixandre", en *ABC*, de Madrid, 4 de junio de 1969.

Molina, Antonio F., "Mundo a solas", en la revista *Sin nombre*, de San Juan de Puerto Rico, vol. II, núm. 1, año 1971.

————, "Vicente Aleixandre, en sus 75 años", en *Ya*, de Madrid, 24 de junio de 1973.

Molina, Manuel, "Encuentro con Vicente Aleixandre", en *Primera Página*, de Alicante, 21 noviembre 1968.

Molero, Juan Carlos, "Vicente Aleixandre y su consumación", en *Madrid*, de Madrid, 22 de enero de 1969.

————, *"Obras completas* de Vicente Aleixandre", en *Madrid*, de Madrid, 15 de marzo de 1969.

Nield, Briand, "Cuatro poemas inéditos de Vicente Aleixandre y un comentario", en *Cuadernos Hispanoamericanos*, núm. 233, mayo 1969.

Núñez Ladeveze, Luis, "Poesía es comunicación", en *Nuevo Diario*, Madrid, 2 de marzo de 1969.

Otero, Jesús, *"Poemas de la consumación"*, en *El Comercio*, de Gijón, 15 de diciembre de 1968.

P. C. (Pablo Corbalán), "Vicente Aleixandre: 75 años", en *Informaciones*, Madrid, 10 de mayo de 1973.

P. M., *"Poemas de la consumación"*, en *Tele Exprés*, Barcelona, 12 de diciembre de 1968.

Paredes, Pedro Pablo, "Perfil de Vicente Aleixandre", en *Vanguardia Literaria*, San Cristóbal, Venezuela, 4 de agosto de 1968.

Parenti, Ludovico, "Morte e amore", en *Il Secolo XIX*, 1 enero 1970.

Pastor, Miguel Ángel, "El mar y la noche en la voz del poeta", en *El Norte de Castilla*, Valladolid, 22 de agosto 1971.

————, "Poesía superrealista. Antología de Vicente Aleixandre", en *El Norte de Castilla*, Valladolid, 9 octubre de 1971.

Pedrós, Ramón, "Por fin en Welingtonia", en *ABC*, de Madrid, 15 de febrero de 1973.

Pérez Minik, Domingo, "Visita a Vicente Aleixandre", en el libro *Entrada y salida de viajeros*, Edit. Nuestro Arte, Santa Cruz de Tenerife, 1969.

Piera, "Poesía superrealista: Vicente Aleixandre", en *Ciudad*, de Gandía, 10 octubre 1971.

Pinillos, Manuel, "Poesía superrealista" (en el artículo titulado "Libros de poesía"), *Heraldo de Aragón*, Zaragoza, 21 enero 1972.

Ponce de León, Luis, "Imagen no espantosa de la muerte, en versos de Vicente Aleixandre", en *Noticias Médicas*, 29 marzo 1969.

R. M. L., "Un vasto dominio", en *El Nacional*, México, 16 marzo 1969.

R. O., "Presencia de Vicente Aleixandre", en *El Mercurio*, Santiago de Chile, 13 mayo 1970.

Rico, Eduardo G., "El mejor Aleixandre", en *Triunfo*, Madrid 28 de diciembre de 1968.

Río, Xavier del, *"Poemas de la consumación"*, en *Proa*, León, 22 de diciembre 1968.

Rubio, Javier, "Nueva antología", en *El espectador,* Bogotá, 5 de marzo de 1972.

Ruiz-Copete, Juan de Dios, "En torno a los mayores: Vicente Aleixandre o la invención de la naturaleza", en *ABC*, de Sevilla, 14 diciembre 1968.

———, "En torno a los mayores: más sobre Vicente Aleixandre", en *ABC*, de Sevilla, 15 febrero 1969.

Santos, Dámaso, "En un período alejandrino: un maestro y dos contendientes", en *Pueblo,* de Madrid, 20 noviembre 1968.

———, "El vasto dominio de la poesía de Aleixandre", en *Pueblo,* Madrid, 30 de abril de 1969.

Siles, Jaime, "Vicente Aleixandre: poesía superrealista", en *Las Provincias,* 28 de noviembre de 1971.

Umbral, Francisco, *"Poemas de la consumación"*, en *Poesía Española,* Madrid, enero de 1969.

———, "Aleixandre: *Obras completas"*, en *Ya,* de Madrid, 27 febrero 1969.

———, "Las obras completas de Vicente Aleixandre", en *Mundo Hispánico,* Madrid, marzo 1969.

———, "Obras Completas, de Vicente Aleixandre", en *Poesía Española,* Madrid, marzo 1969.

Vandercammen, Edmond, "Histoire du coeur", en *Le Soir,* de Bruselas, 2 de julio de 1969.

———, "Le vaste domaine de Vicente Aleixandre", Académie Royale de Langue et de Littérature Françaises, Bruxelles, 1971.

Vasallo, Jesús, "Los pesares al viento", en *Córdoba,* Córdoba, 24 de enero de 1969.

Villar, Arturo del, *"Poemas de la consumación"*, en *Árbol de fuego,* Caracas, junio 1971.

———, "Antología de Aleixandre", en *Alerta,* Santander, 13 octubre 1971.

———, "Vicente Aleixandre, un clásico", en *Alerta*, Santander, 1 de marzo de 1973.

NOTA PREVIA

H E seguido la primera edición de *Sombra del paraíso*: Madrid, 1944, y he consultado las cuatro siguientes, que son: Buenos Aires 1947; Buenos Aires, 1967; *Poesías Completas,* Madrid, 1960, y *Obras Completas,* Madrid, 1968, así como la edición de *Poemas paradisíacos,* Málaga, 1952.

Para los "Cinco poemas paradisíacos", he seguido la edición de *Nacimiento último,* Madrid, 1953.

Se señalan en el texto las variantes encontradas.

El tomo de *Poesías Completas* se cita en las notas al texto como P. C. El tomo de *Obras Completas,* como O. C. El tomo de *Poemas paradisíacos, P. P.*

L. de L.

VICENTE ALEIXANDRE

SOMBRA
DEL PARAISO

Adán

EL POETA*

Para ti, que conoces cómo la piedra canta,
y cuya delicada pupila sabe ya del peso de una
    montaña sobre un ojo dulce,
y cómo el resonante clamor de los bosques se
    aduerme suave un día en nuestras venas;

para ti, poeta, que sentiste en tu aliento
la embestida brutal de las aves celestes,   5
y en cuyas palabras tan pronto vuelan las poderosas
    alas de las águilas

---

* Este poema se escribió el 30 de enero de 1941. (Sigo la cronología
marcada por Carlos Bousoño en su obra *La poesía de Vicente
Aleixandre*, 3.ª edición, Edit. Gredos, Madrid, 1968, basada en los
originales fechados del poeta. Las fechas que se indican en los poemas siguientes, tienen todas la misma procedencia.)
En la edición de 1967 (Biblioteca Clásica y Contemporánea, Buenos Aires, Edit. Losada), aparece al frente de este poema la dedicatoria "A mi ciudad de Málaga". Se trata de un error: esa
dedicatoria pertenece al poema "Ciudad del Paraíso" y, por otra
parte, no figuró en la primera edición ni en las siguientes hasta
la de 1960 (*Poesías Completas*, Edit. Aguilar; en lo sucesivo, citada por P. C.). Posteriormente, se mantiene la dedicatoria. Es
significativo que Aleixandre, durante la que se ha llamado su primera época, esto es: hasta *Historia del corazón* (1954), eludiera
la referencia localista (actitud propia de la poética inicial de la
generación del 27), en tanto que, iniciada su segunda época, más
testimonial, decide facilitar la pista geográfica.
2 La adjetivación por medio de sinestesia es frecuente en Aleixandre. Ésta es la primera vez que surge en el libro. Bousoño (o. c.)
ha estudiado el procedimiento.
6 El águila es uno de los animales más frecuentes en la simbología
con referencias zoológicas de Aleixandre. Empleado singularmente
en *La destrucción o el amor*.

como se ve brillar el lomo de los calientes peces
   sin sonido:
oye este libro que a tus manos envío
con ademán de selva,
pero donde de repente una gota fresquísima de   10
   rocío brilla sobre una rosa,
o se ve batir el deseo del mundo,
la tristeza que como párpado doloroso
cierra el poniente y oculta el sol como una lágrima
   oscurecida,
mientras la inmensa frente fatigada
siente un beso sin luz, un beso largo,   15
unas palabras mudas que habla el mundo finando.

Sí, poeta: el amor y el dolor son tu reino.
Carne mortal la tuya, que, arrebatada por el
   espíritu,
arde en la noche o se eleva en el mediodía
   poderoso,
inmensa lengua profética que lamiendo los cielos   20
ilumina palabras que dan muerte a los hombres.

La juventud de tu corazón no es una playa
donde la mar embiste con sus espumas rotas,
dientes de amor que mordiendo los bordes de la
   tierra,
braman dulce a los seres.   25

---

10 El uso del adjetivo en superlativo es otro rasgo peculiar del poeta.
Vicente Gaos lo ha indicado como aspecto estilístico con antecedente en Fray Luis de León (artículo en *Papeles de Son Armadans*, n.º XXXII-III, noviembre-diciembre 1958, Palma de Mallorca).

17 y 19 Comprensión sustantiva del amor es, en la poética de Aleixandre, la identidad de amor-dolor-muerte.

22 Otra particularidad de este poeta es la imagen que define o deter-
mina mediante una negación. Aparece aquí por primera vez en el
libro.

25 Asimismo es peculiar del estilo aleixandrino el empleo del enálage
(*braman dulce* [*mente*]), y se encontrará muchas veces en este
libro.

No es ese rayo velador que súbitamente te amenaza,
iluminando un instante tu frente desnuda,
para hundirse en tus ojos e incendiarte, abrasando
los espacios con tu vida que de amor se consume.

No. Esa luz que en el mundo   30
no es ceniza última,
luz que nunca se abate como polvo en los labios,
eres tú, poeta, cuya mano y no luna
yo vi en los cielos una noche brillando.

Un pecho robusto que reposa atravesado por el mar   35
respira como la inmensa marea celeste,
y abre sus brazos yacentes y toca, acaricia
los extremos límites de la tierra.

¿Entonces?
Sí, poeta; arroja este libro que pretende encerrar   40
    en sus páginas un destello del sol,
y mira a la luz cara a cara, apoyada la cabeza
    en la roca,
mientras tus pies remotísimos sienten el beso
    postrero del poniente
y tus manos alzadas tocan dulce la luna,
y tu cabellera colgante deja estela en los astros.

---

39 Erotema. Las erotemas constituyen otra característica empleada con
    alguna frecuencia.
41-44 Estos versos figuran con un orden equivocado (43-44-42-41) en
    la edición de 1967. Bousoño ha señalado estos versos finales como
    muestra de una intención poética, viva y humana, ajena a false-
    dades retóricas.

1

CRIATURAS EN LA AURORA *

Vosotros conocisteis la generosa luz de la inocencia.

Entre las flores silvestres recogisteis cada mañana
el último, el pálido eco de la postrer estrella.
Bebisteis ese cristalino fulgor,
que como una mano purísima   5
dice adiós a los hombres detrás de la fantástica
    presencia montañosa.
Bajo el azul naciente,
entre las luces nuevas, entre los puros céfiros
    primeros,
que vencían a fuerza de candor a la noche,
amanecisteis cada día, porque cada día la túnica   10
    casi húmeda
se desgarraba virginalmente para amaros,
desnuda, pura, invïolada.

Aparecisteis entre la suavidad de las laderas,
donde la hierba apacible ha recibido eternamente
    el beso instantáneo de la luna.

* 23 de febrero de 1940.
  Poema escogido por el autor para la edición de *Poemas Paradisíacos* (Málaga, 1952). En lo sucesivo, se indicará al pie de estos poemas simplemente "Poema paradisíaco" para señalar la referida elección.

Ojo dulce, mirada repentina para un mundo 15
  estremecido
que se tiende inefable más allá de su misma
  apariencia.

La música de los ríos, la quietud de las alas,
esas plumas que todavía con el recuerdo del día
  se plegaron para el amor, como para el sueño,
entonaban su quietísimo éxtasis
bajo el mágico soplo de la luz, 20
luna ferviente que aparecida en el cielo
parece ignorar su efímero destino transparente.

La melancólica inclinación de los montes
no significaba el arrepentimiento terreno
ante la inevitable mutación de las horas: 25
era más bien la tersura, la mórbida superficie del
  mundo
que ofrecía su curva como un seno hechizado.

Allí vivisteis. Allí cada día presenciasteis la tierra,
la luz, el calor, el sondear lentísimo
de los rayos celestes que adivinaban las formas, 30
que palpaban tiernamente las laderas, los valles,
los ríos con su ya casi brillante espada solar,
acero vívido que guarda aún, sin lágrima, la
  amarillez tan íntima,
la plateada faz de la luna retenida en sus ondas.

Allí nacían cada mañana los pájaros, 35
sorprendentes, novísimos, vividores, celestes.
Las lenguas de la inocencia
no decían palabras:
entre las ramas de los altos álamos blancos

---

15 *Ojo dulce.* Elocución empleada en el verso 2 del poema precedente, si bien el presente poema es anterior cronológicamente.
23 Las imágenes de paisaje en Aleixandre suelen ser animistas, atri-
  buyendo a los accidentes geográficos o a las presencias botánicas
  estados de ánimo, mediante el empleo de metagoges como el que
  aquí se registra.

sonaban casi también vegetales, como el soplo en   40
  las frondas.
¡Pájaros de la dicha inicial, que se abrían
estrenando sus alas, sin perder la gota virginal del
  rocío!

Las flores salpicadas, las apenas brillantes florecillas
  del soto,
eran blandas, sin grito, a vuestras plantas desnudas.
Yo os vi, os presentí cuando el perfume invisible   45
besaba vuestros pies, insensibles al beso.

¡No crueles: dichosos! En las cabezas desnudas
brillaban acaso las hojas iluminadas del alba.
Vuestra frente se hería, ella misma, contra los
  rayos dorados, recientes, de la vida,
del sol, del amor, del silencio bellísimo.   50

No había lluvia, pero unos dulces brazos
parecían presidir a los aires,
y vuestros cuellos sentían su hechicera presencia,
mientras decíais palabras a las que el sol naciente
  daba magia de plumas.

No, no es ahora cuando la noche va cayendo,   55
también con la misma dulzura pero con un levísimo
  vapor de ceniza,
cuando yo correré tras vuestras sombras amadas.
Lejos están las inmarchitas horas matinales,
imagen feliz de la aurora impaciente,
tierno nacimiento de la dicha en los labios,   60
en los seres vivísimos que yo amé en vuestras
  márgenes.

---

56 Las ediciones de P. C. y de *Obras Completas* (1968) que en lo sucesivo se citará como O. C., llevan una coma después de la palabra
   dulzura.
57 Este verso sufrió una errata en la edición de *Poemas Paradi-*
   síacos (que en lo sucesivo se citará como P. P.), ya que se supri-
   mió indebidamente la palabra *sombras.*
   La palabra *hierba* figura con la ortografía *yerba* en las ediciones
   de P. P. y de 1967.

El placer no tomaba el temeroso nombre de placer,
ni el turbio espesor de los bosques hendidos,
sino la embriagadora nitidez de las cañadas abiertas
donde la luz se desliza con sencillez de pájaro.   65

Por eso os amo, inocentes, amorosos seres mortales
de un mundo virginal que diariamente se repetía
cuando la vida sonaba en las gargantas felices
de las aves, los ríos, los aires y los hombres.

DESTINO TRÁGICO *

Confundes ese mar silencioso que adoro
con la espuma instantánea del viento entre los
    árboles.

Pero el mar es distinto.
No es viento, no es su imagen.
No es el resplandor de un beso pasajero,
ni es siquiera el gemido de unas alas brillantes.   5

No confundáis sus plumas, sus alisadas plumas,
con el torso de una paloma.
No penséis en el pujante acero del águila.
Por el cielo las garras poderosas detienen el sol.   10
Las águilas oprimen a la noche que nace,
la estrujan —todo un río de último resplandor va
    a los mares—
y la arrojan remota, despedida, apagada,
allí donde el sol de mañana duerme niño sin vida.

Pero el mar, no. No es piedra   15
esa esmeralda que todos amasteis en las tardes
    sedientas.
No es piedra rutilante toda labios tendiéndose,
aunque el calor tropical haga a la playa latir,
sintiendo el rumoroso corazón que la invade.

---

* 13 de octubre de 1940.
15 En las ediciones de P. C. y de O. C. aparece una coma al final del
verso.

Muchas veces pensasteis en el bosque.   20
Duros mástiles altos,
árboles infinitos
bajo las ondas adivinasteis poblados de unos pájaros
   de espumosa blancura.
Visteis los vientos verdes
inspirados moverlos,   25
y escuchasteis los trinos de unas gargantas dulces:
ruiseñor de los mares, noche tenue sin luna,
fulgor bajo las ondas donde pechos heridos
cantan tibios en ramos de coral con perfume.

Ah, sí, yo sé lo que adorasteis.   30
Vosotros pensativos en la orilla,
con vuestra mejilla en la mano aún mojada,
mirasteis esas ondas, mientras acaso pensabais en
   un cuerpo:
un solo cuerpo dulce de un animal tranquilo.
Tendisteis vuestra mano y aplicasteis su calor   35
a la tibia tersura de una piel aplacada.
¡Oh suave tigre a vuestros pies dormido!

Sus dientes blancos visibles en las fauces doradas,
brillaban ahora en paz. Sus ojos amarillos,
minúsculas guijas casi de nácar al poniente,   40
cerrados, eran todo silencio ya marino.
Y el cuerpo derramado, veteado sabiamente de
   una onda poderosa,
era bulto entregado, caliente, dulce sólo.

37 Aparece otra muestra de la fauna frecuentada por la poesía de
Aleixandre. El tigre es el animal más citado en *La destrucción o
el amor*. En el presente libro lo encontramos solamente tres veces.
El félido puede ser, en estos poemas, simbólicamente, amor u
odio; en todo caso fuerza natural, elemental y, por ende, hermosa.
Por otra parte, este verso 37 constituye un epifonema de uso frecuente en Aleixandre.
40 En la edición de 1967 el adjetivo *minúsculas* aparece en masculino, con lo cual podría parecer como adjetivando a *ojos*, pero,
aparte de que entonces necesitaría una coma, se trata de una
errata.
43 y 50 La reiteración de la sinestesia hace que cuando el adjetivo
(*dulce*) tenga un posible sentido directo (como en el verso 50),
su actuación conserve más bien eficacia de traslación poética.

Pero de pronto os levantasteis.
Habíais sentido las alas oscuras,   45
envío mágico del fondo que llama a los corazones.
Mirasteis fijamente el empezado rumor de los
  abismos.
¿Qué formas contemplasteis? ¿Qué signos
  inviolados,
qué precisas palabras que la espuma decía,
dulce saliva de unos labios secretos   50
que se entreabren, invocan, someten, arrebatan?
El mensaje decía...

Yo os vi agitar los brazos. Un viento huracanado
movió vuestros vestidos iluminados por el poniente
  trágico.
Vi vuestra cabellera alzarse traspasada de luces,   55
y desde lo alto de una roca instantánea
presencié vuestro cuerpo hendir los aires
y caer espumante en los senos del agua;
vi dos brazos largos surtir de la negra presencia
y vi vuestra blancura, oí el último grito,   60
cubierto rápidamente por los trinos alegres de los
  ruiseñores del fondo.

SIERPE DE AMOR *

Pero ¿a quién amas, dime?
Tendida en la espesura,
entre los pájaros silvestres, entre las frondas vivas,
rameado tu cuerpo de luces deslumbrantes,

61 La visión de una vida intra-marina en el final de este poema, puede
  relacionarse con la visión de una vida intra-terrestre que se repite
  en las distintas épocas de Aleixandre. En ambos casos parece do-
  minar una fuerza telúrica, absorbente e integradora.
    Este poema se publicó por primera vez en la revista *Escorial*,
  cuaderno n.º 39, Madrid, enero de 1944.

  * 15 de enero de 1941.
    Los ofidios (víboras, cobras, serpientes, culebras) son también ele-
  mento notorio en la poética fauna aleixandrina, desde los poemas en prosa de *Pasión en la tierra*.

dime a quién amas, indiferente, hermosa,   5
bañada en vientos amarillos del día.

Si a tu lado deslizo
mi oscura sombra larga que te desea;
si sobre las hojas en que reposas yo me arrastro,
    crujiendo
levemente tentador y te espío,   10
no amenazan tu oído mis sibilantes voces,
porque perdí el hechizo que mis besos tuvieran.

El lóbulo rosado donde con diente pérfido
mi marfil incrustara tropical en tu siesta,
no mataría nunca, aunque diera mi vida   15
al morder dulcemente sólo un sueño de carne.

Unas palabras blandas de amor, no mi saliva,
no mi verde veneno de la selva, en tu oído
vertería, desnuda imagen, diosa que regalas tu
    cuerpo
a la luz, a la gloria fulgurante del bosque.   20

Entre tus pechos vivos levemente mi forma
deslizaría su beso sin fin, como una lengua,
cuerpo mío infinito de amor que día a día
mi vida entera en tu piel consumara.

11 *Sibilantes*. Adjetivo que, aunque sea sinónimo de *silbante*, se diferencia de éste en que no sólo define a lo que emite silbidos, sino
   también a lo que emite sonido parecido al silbido. No debe con-
   fundirse *sibilante* con su parónimo *sibilino* que califica lo relativo a
   las sibilas.
14 Es también bastante empleado por Aleixandre el enálage en su
   forma de adjetivación sobre palabra distintas de la lógica: *tropical*, en este caso, califica a *marfil* en lugar de a *siesta*. Por otra
   parte, aquí se entrecruza la metonimia *marfil* por *diente*.
17 La presencia de la palabra *saliva* (y otras semejantes) es motivo
   para que Bousoño haya estudiado las sensaciones cenestésicas que
   aparecen frecuentemente en la poesía de Aleixandre.
19 Varias veces atribuirá al cuerpo hermoso y amado la calidad de
   diosa. Un poema con ese título abre la segunda parte del libro.

Erguido levemente sobre tu seno mismo,   25
mecido, ebrio en la música secreta de tu aliento,
yo miraría tu boca luciente en la espesura,
tu mejilla solar que vida ofrece
y el secreto tan leve de tu pupila oculta
en la luz, en la sombra, en tu párpado intacto.   30

Yo no sé qué amenaza de lumbre hay en la frente,
cruje en tu cabellera rompiente de resoles,
y vibra y aun restalla en los aires, como un eco
de ti toda hermosísima, halo de luz que mata.

Si pico aquí, si hiendo mi deseo, si en tus labios   35
penetro, una gota caliente
brotará en su tersura, y mi sangre agolpada en mi
    boca,
querrá beber, brillar de rubí duro,
bañada en ti, sangre hermosísima, sangre de flor
    turgente,
fuego que me consume centelleante y me aplaca   40
la dura sed de tus brillos gloriosos.

Boca con boca dudo si la vida es el aire
o es la sangre. Boca con boca muero,
respirando tu llama que me destruye.
Boca con boca siento que hecho luz me desahogo,
hecho lumbre que en el aire fulgura.

EL RÍO*

Tú eres, ligero río,
el que miro de lejos, en ese continente que rompió
    con la tierra.
Desde esta inmensa llanura donde el cielo aboveda

---

44 Una vez más, el concepto amor-destrucción.

* 4 de junio de 1943.
  Poema paradisíaco.

a la frente y cerrado brilla puro, sin amor, yo
  diviso
aquel cielo ligero, viajador, que bogaba   5
sobre ti, río tranquilo que arrojabas hermosas
a las nubes en el mar, desde un seno encendido.

Desde esta lisa tierra esteparia veo la curva
de los dulces naranjos. Allí libre la palma,
el albérchigo, allí la vid madura,   10
allí el limonero que sorbe al sol su jugo agraz en
  la mañana virgen;
allí el árbol celoso que al humano rehusa su flor,
  carne sólo,
magnolio dulce, que te delatas siempre por el
  sentido que de ti se enajena.

Allí el río corría, no azul, no verde o rosa, no
  amarillo, río ebrio,
río que matinal atravesaste mi ciudad inocente,   15
ciñéndola con una guirnalda temprana, para acabar
  desciñéndola,
dejándola desnuda y tan confusa al borde de la
  verde montaña,
donde siempre virginal ahora fulge, inmarchita en
  el eterno día.

Tú, río hermoso que luego, más liviano que nunca,
  entre bosques felices
corrías hacia valles no pisados por la planta del   20
  hombre.
Río que nunca fuiste suma de tristes lágrimas,
sino acaso rocío milagroso que una mano reúne.
Yo te veo gozoso todavía allá en la tierra que

14 Alusión concreta al río Guadalhorce (río de las provincias de Granada y Málaga, tributario del Mediterráneo), según ha declarado
   el autor en su prólogo a *Poemas paradisiacos*.
15 Primera alusión a la ciudad de Málaga, acompañándola del adjetivo posesivo, ciudad en la cual el poeta pasó su infancia.
17 Situación de la ciudad junto a la montaña, que se recogerá de
   nuevo en el verso 2 de "Ciudad del paraíso".

nunca fue del todo separada de estos límites en
que habito.

Mira a los hombres, perseguidos no por tus aves,
no por el cántico de que el humano olvidóse por   25
siempre.
Escuchándoos estoy, pájaros imperiosos,
que exigís al desnudo una planta ligera,
desde vuestras reales ramas estremecidas,
mientras el sol melodioso templa dulce-las ondas
como rubias espaldas, de ese río extasiado.   30

Ligeros árboles, maravillosos céspedes silenciosos,
blandos lechos tremendos en el país sin noche,
crespusculares velos que dulcemente afligidos
desde el poniente envían un adiós sin tristeza.

Oyendo estoy a la espuma como garganta quejarse.   35
Volved, sonad, guijas que al agua en lira convertís.
Cantad eternamente sin nunca hallar el mar.
Y oigan los hombres con menguada tristeza
el son divino. ¡Oh río que como luz hoy veo,
que como brazo hoy veo de amor que a mí me   40
llama!

NACIMIENTO DEL AMOR *

¿Cómo nació el amor? Fue ya en otoño.
Maduro el mundo,
no te aguardaba ya. Llegaste alegre,
ligeramente rubia, resbalando en lo blando

31-34 Se da aquí un ejemplo de sinatroísmo muy empleado por el
poeta en las descripciones de paisaje. Otro caso particularmente
destacado es el comienzo del poema "Adiós a los campos".
39-40 Se señala este nuevo epifonema porque tiene la particularidad
de contener epanalepsis.

* 6 de diciembre de 1940.
Poema paradisíaco. Se publicó por primera vez en *Escorial*, Madrid, enero 1944.

del tiempo. Y te miré. ¡Qué hermosa   5
me pareciste aún, sonriente, vívida,
frente a la luna aún niña, prematura en la tarde,
sin luz, graciosa en aires dorados; como tú,
que llegabas sobre el azul, sin beso,
pero con dientes claros, con impaciente amor.   10

Te miré. La tristeza
se encogía a lo lejos, llena de paños largos,
como un poniente graso que sus ondas retira.
Casi una lluvia fina —¡el cielo, azul!— mojaba
tu frente nueva. ¡Amante, amante era el destino   15
de la luz! Tan dorada te miré que los soles
apenas se atrevían a insistir, a encenderse
por ti, de ti, a darte siempre
su pasión luminosa, ronda tierna
de soles que giraban en torno a ti, astro dulce,   20
en torno a un cuerpo casi transparente, gozoso,
que empapa luces húmedas, finales, de la tarde,
y vierte, todavía matinal, sus auroras.

Eras tú amor, destino, final amor luciente,
nacimiento penúltimo hacia la muerte acaso.   25
Pero no. Tú asomaste. ¿Eras ave, eras cuerpo,

---

5 En la 1.ª edición, la admiración que se abre en este verso no se
cierra. Así ocurre también en las ediciones de 1947 y de 1967. Las
ediciones de P. C. y de O. C. cierran la admiración al final del
verso 10.

6 *Vívida.* Calificativo sinónimo de vivaz. Empleado aquí en su
1.ª acepción: que tiene vida duradera.

14 El inciso admirativo de este verso constituye un ejemplo de ecfo-
nesis que el poeta emplea en ocasiones.

16 *Te miré,* en lugar del más usual *te vi,* refuerza lo subjetivo del
amor, la parte que el amante pone de sí en el objeto amado.

22 En las ediciones de P. C. y de O. C. se suprime la coma final.

25 La idea del "nacimiento último" se inicia en el libro *Espadas
como labios* (1932) y luego pasa a titular el libro aparecido en 1953.
Constituye una de las ideas centrales de la obra de Aleixandre,
según se ha expuesto en el prólogo. En este verso se emplea con
el modificante del prefijo.

alma sólo? ¡Ah, tu carne traslúcida
besaba como dos alas tibias,
como el aire que mueve un pecho respirando,
y sentí tus palabras, tu perfume,   30
y en el alma profunda, clarividente
diste fondo. Calado de ti hasta el tuétano de la luz,
sentí tristeza, tristeza del amor: amor es triste.
En mi alma nacía el día. Brillando
estaba de ti; tu alma en mí estaba.   35
Sentí dentro, en mi boca, el sabor a la aurora.
Mis sentidos dieron su dorada verdad. Sentí a los
    pájaros
en mi frente piar, ensordeciendo
mi corazón. Miré por dentro
los ramos, las cañadas luminosas, las alas   40
    variantes,
y un vuelo de plumajes de color, de encendidos
presentes me embriagó, mientras todo mi ser a un
    mediodía,
raudo, loco, creciente se incendiaba
y mi sangre ruidosa se despeñaba en gozos
de amor, de luz, de plenitud, de espuma.   45

---

27 En la 1.ª edición, la admiración que se abre en este verso no se
   cierra. La edición de P. P. la cierra en el verso 32, tras la palabra *fondo*. Las ediciones de 1947, 1967 y P. C. la dejan sin cerrar,
   como en la 1.ª. La edición de O. C. suprime la admiración del verso 27.
28 El pretérito imperfecto *besaba* tiene por sujeto a *carne*, que se
   convierte así en elemento activo del beso, cuando sería más habitual considerarla como elemento pasivo, esto es: *besada*. Ahora
   bien, las *dos alas* que a continuación aparecen, sin duda indican
   que se trata de los labios —besadores activos, en efecto—, que
   han sido aludidos con un singular: *carne traslúcida*.
32 La frase hecha modificada por una variante insólita, ha tenido gran
   presencia en la poesía de los años siguientes. Aleixandre emplea
   aquí el procedimiento, transformando la frase "calado hasta los
   huesos" en "calado hasta el tuétano de la luz".
34 Leve recuerdo de la Rima XVII de Bécquer: "hoy llega al fondo
   de mi alma el sol".

ARCÁNGEL DE LAS TINIEBLAS *

Me miras con tus ojos azules,
nacido del abismo.
Me miras bajo tu crespa cabellera nocturna,
helado cielo fulgurante que adoro.
Bajo tu frente nívea   5
dos arcos duros amenazan mi vida.
No me fulmines, cede, oh, cede amante y canta.
Naciste de un abismo entreabierto
en el nocturno insomnio de mi pavor solitario.
Humo abisal cuajante te formó, te precisó   10
   hermosísimo.
Adelantaste tu planta, todavía brillante de la roca
   pelada,
y subterráneamente me convocaste al mundo,
al infierno celeste, oh arcángel de la tiniebla.

Tu cuerpo resonaba remotamente allí, en el
   horizonte,
humoso mar espeso de deslumbrantes bordes,   15
labios de muerte bajo nocturnas aves
que graznaban deseo con pegajosas plumas.

---

* 6 de octubre de 1940.
   Las teorías sobre los ángeles, varias, admiten todas una suerte de
   seres inmateriales o Eones, con diversas alegorías y, por lo general, de signo distinto: la bondad y la maldad. Literariamente, el
   tema se da mucho en el Romanticismo y, posteriormente, entre los
   superrealistas. En la generación del 27 es frecuente.
10 *Abisal*: abismal.
13 *Infierno celeste*. Oxímoron. Procedimiento de alguna frecuencia en
   la poesía de Aleixandre.
15 *Humoso*: que exhala un vapor.
17 Hay aquí una alteración del verbo *graznar*. Se trata de un verbo
   intransitivo, que expresa la acción de gritar los cuervos, grajos,
   gansos, etc. El poeta convierte el verbo en transitivo y los graznidos
   en deseos.

Tu frente altiva rozaba estrellas
que afligidamente se apagaban sin vida,
y en la altura metálica, lisa, dura, tus ojos   20
eran las luminarias de un cielo condenado.

Respirabas sin vientos, pero en mi pecho daba
aletazos sombríos un latido conjunto.
Oh, no, no me toquéis, brisas frías,
labios larguísimos, membranosos avances   25
de un amor, de una sombra, de una muerte besada.

A la mañana siguiente algo amanecía
apenas entrevisto tras el monte azul, leve,
quizá ilusión, aurora, ¡oh matinal deseo!,
quizá destino cándido bajo la luz del día.   30

Pero la noche al cabo cayó pesadamente.
Oh labios turbios, oh carbunclo encendido,
oh torso que te erguiste, tachonado de fuego,
duro cuerpo de lumbre tenebrosa, pujante,
que incrustaste tu testa en los cielos helados.   35

Por eso yo te miro. Porque la noche reina.
Desnudo ángel de luz muerta, dueño mío.
Por eso miro tu frente, donde dos arcos impasibles
gobiernan mi vida sobre un mundo apagado.

PODERÍO DE LA NOCHE

El sol cansado de vibrar en los cielos
resbala lentamente en los bordes de la tierra,
mientras su gran ala fugitiva
se arrastra todavía con el delirio de la luz,
iluminando la vacía prematura tristeza.   5

---

18 Las hipérboles de grandiosidad cósmica aparecen en diversos poemas de este libro.
32 *Carbunclo*: carbúnculo, rubí. Recreación de la imagen clásica "labios de rubí".

Labios volantes, aves que suplican al día
su perduración frente a la vasta noche amenazante,
surcan un cielo que pálidamente se irisa
borrándose ligero hacia lo oscuro.

Un mar, pareja de aquella larguísima ala de la luz,   10
bate su color azulado
abiertamente, cálidamente aún,
con todas sus vivas plumas extendidas.

¿Qué coyuntura, qué vena, qué plumón estirado
como un pecho tendido a la postrera caricia del sol   15
alza sus espumas besadas,
su amontonado corazón espumoso,
sus ondas levantadas
que invadirán la tierra en una última búsqueda de
   la luz escapándose?

Yo sé cuán vasta soledad en las playas,   20
qué vacía presencia de un cielo aún no estrellado,
vela cóncavamente sobre el titánico esfuerzo,
sobre la estéril lucha de la espuma y la sombra.

El lejano horizonte, tan infinitamente solo
como un hombre en la muerte,   25
envía su vacío, resonancia de un cielo
donde la luna anuncia su nada ensordecida.

Un claror lívido invade un mundo donde nadie
alza su voz gimiente,
donde los peces huidos a los profundos senos   30
   misteriosos
apagan sus ojos lucientes de fósforo,
y donde los verdes aplacados,
los silenciosos azules
suprimen sus espumas enlutadas de noche.

¿Qué inmenso pájaro nocturno,   35
qué silenciosa pluma total y neutra

enciende fantasmas de luceros en su piel sibilina,
piel única sobre la cabeza de un hombre
que en una roca duerme su estrellado transcurso?

El rumor de la vida   40
sobre el gran mar oculto
no es el viento, aplacado,
no es el rumor de una brisa ligera que en otros
   días felices
rizara los luceros,
acariciando las pestañas amables,   45
los dulces besos que mis labios os dieron,
oh estrellas en la noche,
estrellas fijas enlazadas
por mis vivos deseos.

Entonces la juventud, la ilusión, el amor encantado   50
rizaban un cabello gentil que el azul confundía
diariamente con el resplandor estrellado del sol
   sobre la arena.
Emergido de la espuma con la candidez de la
   Creación reciente,
mi planta imprimía su huella en las playas
con la misma rapidez de las barcas,   55
ligeros envíos de un mar benévolo bajo el gran
   brazo del aire,
continuamente aplacado por una mano dichosa
   acariciando sus espumas vivientes.

Pero lejos están los remotos días
en que el amor se confundía con la pujanza de la
   naturaleza radiante
y en que un mediodía feliz y poderoso   60
henchía un pecho, con un mundo a sus plantas.

---

37 *Sibilino*. Segunda acepción: misterioso, oculto, incomprensible.
50-57 Tema del mar en la costa malagueña que reaparecerá en el
   poema "Mar del paraíso".
61 La edición de 1967 coloca una coma después de *henchía* —que debe
   considerarse errata— y dice —también errata— *tus* en lugar de
   sus. Las ediciones de P. C. y de O. C. suprimen la coma después
   de la palabra *pecho*.

Esta noche, cóncava y desligada,
no existe más que como existen las horas,
como el tiempo, que pliega
lentamente sus silenciosas capas de ceniza,   65
borrando la dicha de los ojos, los pechos y las
      manos,
y hasta aquel silencioso calor
que dejara en los labios el rumor de los besos.

Por eso yo no veo, como no mira nadie,
esa presente bóveda nocturna,   70
vacío reparador de la muerte no esquiva,
inmensa, invasora realidad intangible
que ha deslizado cautelosa
su hermético oleaje de plomo ajustadísimo.

Otro mar muerto, bello,   75
abajo acaba de asfixiarse. Unos labios
inmensos cesaron de latir, y en sus bordes
aún se ve deshacerse un aliento, una espuma.

Este poema se publicó por primera vez en la revista *Escorial*, cuaderno n.º 39, Madrid, enero de 1944.

2

DIOSA*

Dormida sobre el tigre,
su leve trenza yace.
Mirad su bulto. Alienta
sobre la piel hermosa,
tranquila, soberana.   5
¿Quién puede osar, quién sólo
sus labios hoy pondría
sobre la luz dichosa
que, humana apenas, sueña?
Miradla allí. ¡Cuán sola!   10
¡Cuán intacta! ¿Tangible?
Casi divina, leve
el seno se alza, cesa,
se yergue, abate; gime

* 2 de abril de 1943.
Poema paradisíaco.
Uno de los no frecuentes poemas isosilábicos en la obra de Aleixandre, en la cual prevalece el versículo.
Ya hemos señalado en poemas anteriores la atribución de *diosa* al
cuerpo hermoso, amado o deseado, y la presencia del *tigre* como
animal familiar al mundo poético aleixandrino.
1 *Tigre* aquí puede interpretarse como piel de tigre.
6 En la edición de O. C. la palabra *sólo* aparece sin acento. Segu-
ramente se trata de la adopción de las normas actuales de la Academia. Sin embargo, en las mismas se dice que debe acentuarse
para evitar anfibología y, en este caso, como en otros muchos del
libro, existe esa anfibología, por lo que el acento no debe supri-
mirse.

como el amor. Y un tigre   15
soberbio la sostiene
como la mar hircana,
donde flotase extensa,
feliz, nunca ofrecida.

¡Ah, mortales! No, nunca;   20
desnuda, nunca vuestra.
Sobre la piel hoy ígnea
miradla, exenta: es diosa.

LA VERDAD*

¿Qué sonríe en la sombra sin muros que ensordece
mi corazón? ¿Qué soledad levanta
sus torturados brazos sin luna y grita herida
a la noche? ¿Quién canta sordamente en las ramas?

Pájaros no: memoria de pájaros. Sois eco,   5
sólo eco, pluma vil, turbia escoria, muerta materia
    sorda
aquí en mis manos. Besar una ceniza
no es besar el amor. Morder una seca rama
no es poner estos labios brillantes sobre un seno
cuya turgencia tibia dé lumbre a estos marfiles   10
rutilantes. ¡El sol, el sol deslumbra!

---

17 *Mar hircana.* Mar de Hircania, antigua región de Asia, entre Escitia y Media, bañada por el mar Caspio. Era famosa por sus tigres. Hoy, el tigre asiático sigue siendo la raza más notable. En este poema "mar hircana" se emplea como imagen del tigre: un tigre, como un mar *atigrado.*
22 *Piel ígnea:* por el color de fuego que posee la piel del tigre.

* Diciembre de 1939.
6 En la edición de O. C. aparece la palabra *sólo* sin acento. Véase lo dicho al respecto en el poema anterior.
10 *Turgencia tibia:* se refiere el seno femenino.
11 *Rutilante:* que rutila. Rutilar: brillar como el oro o despedir rayos de luz. Es claro que, referido el adjetivo a *marfiles* (los dientes), debe entenderse lo segundo.

Separar un vestido crujiente, resto inútil
de una ciudad. Poner desnudo
el manantial, el cuerpo luminoso, fluyente,
donde sentir la vida ferviente entre los ramos   15
tropicales, quemantes, que un ecuador empuja.

Bebed, bebed la rota pasión de un mediodía
que en el cenit revienta sus luces y os abrasa
volcadamente entero, y os funde. ¡Muerte hermosa
   vital,
ascua del día! ¡Selva virgen que en llamas te   20
   destruyes!

NO ESTRELLA*

¿Quién dijo que ese cuerpo
tallado a besos, brilla
resplandeciente en astro
feliz? ¡Ah, estrella mía,
desciende! Aquí en la hierba   5
sea cuerpo al fin, sea carne
tu luz. Te tenga al cabo,
latiendo entre los juncos,
estrella derribada

12-13 Las ropas como símbolo de artificiosidad, las ciudades como
representaciones de falsedad y el desnudo como exaltación de lo
elemental y puro, son *leit-motiv* de la poesía aleixandrina en lo
que se ha llamado su primera época.
16 Al emplear *ecuador* con artículo indefinido (*un ecuador*, y no *el
ecuador*) la elocución cobra valor cósmico, ya que no puede entenderse el ecuador geográfico, de la tierra, que es sólo uno. Es
necesario pensar en un ecuador astronómico o geométrico.
18 *Cenit*. Punto del hemisferio celeste superior al horizonte de un
punto de la Tierra, que corresponde verticalmente al mismo. Se
refiere al sol en mediodía.

* 1942.
Poema paradisíaco.
Otro de los poemas isosilábicos, aunque el verso sexto requiera,
para ser heptasílabo, dos violentas sinéresis.
5 En la edición de P. P. figura *yerba* en vez de *hierba*.

que dé su sangre o brillos   10
para mi amor. ¡Ah, nunca
inscrita arriba! Humilde,
tangible, aquí la tierra
te espera. Un hombre te ama.

EL DESNUDO *

I

¿Qué llevas ahí, en tu gracioso cesto de margaritas
    ligeras?
El poniente sin mancha quiere besarme desde tus
    mejillas inocentes.
Un cándido corpiño encierra la gloria dulce de un
    mediodía prisionero,
mientras tu cuello erguido sostiene la crespa
    concentración de la luz,
sobre la que los pájaros virginales se encienden.   5

Pero suelta, suelta tu gracioso cestillo,
mágica mensajera de los campos;
échate sobre el césped aquí a la orilla del río.
Y déjame que en tu oído yo musite mi sombra,
mi penumbrosa esperanza bajo los álamos   10
    plateados.

---

10 *Su sangre o brillos*. Identificación de la estrella y el cuerpo de la
   amada mediante la *o* identificativa. La valoración de la *o* en la
   sintaxis aleixandrina, como elemento asimilador de dos términos,
   está estudiada por Bousoño en su citada obra.

* 19 de diciembre de 1940.
   Hay otro poema de este mismo título en el libro *La destrucción
   o el amor*.
3 a 5 En las reminiscencias de ambientes mitológicos que, a veces, suscitan los poemas, estos versos recuerdan el pasaje del encuentro de
   Hera y Zeus, cuando un pájaro surgía cálido entre los senos de
   la diosa.
4 *Crespa*: ensortijada, rizada. (Los rizos del cuello a la luz de
   poniente).

II

Acerca ahora tus pies desnudos,
húndelos en el agua.
Un hervor de oro, de carmín, de plata rápida,
cruza ligero, confundiendo su instantáneo fulgor
con tu espuma constante, oh rosa.   15
Déjame ahora beber ese agua pura,
besar acaso ciegamente
unos pétalos frescos, un tallo erguido,
un perfume mojado a primavera,
mientras tu cuerpo hermoso arriba orea   20
su cabello luciente y tus dos manos ríen
entre su luz, y tu busto palpita.

III

Tu desnudo mojado no teme a la luz.
Todo el verde paisaje se hace más tierno
en presencia de tu cuerpo extendido.   25
Sobre tu seno alerta un pájaro rumoroso
viene a posar su canción, y se yergue.
Sobre la trémula cima su garganta extasiada
canta a la luz, y siente dulce tu calor propagándole.
Mira un instante la tibia llanura aún húmeda del   30
    rocío
y con su lento pico amoroso bebe,
bebe la perlada claridad de tu cuerpo,
alzando al cielo su plumada garganta,
ebrio de amor, de luz, de claridad, de música.

IV

Mirar anochecer tu cuerpo desnudo,   35
goteante todavía del día,
sobre el césped tranquilo, en la mágica atmósfera
    del amor.

16 *Ese agua.* En las ediciones de 1947 y 1967: *esa agua.*

Con mi dedo he trazado sobre tu carne
unas tristes palabras de despedida.
Tu seno aterciopelado silencia mi caricia postrera: 40
ya casi tu corazón se para.
En tu cuello una música se ensordece,
mudo gemido del poniente anhelante,
y si te miro veo la luz, la luz última
sin sangre, extinguirse en un gran grito final 45
   contra mis ojos, ciega.

Súbitamente me hundo en tu boca
y allí bebo todo el último estertor de la noche.

EL CUERPO Y EL ALMA *

Pero es más triste todavía, mucho más triste.
Triste como la rama que deja caer su fruto para
   nadie.
Más triste, más. Como ese vaho
que de la tierra exhala después la pulpa muerta.
Como esa mano que del cuerpo tendido 5
se eleva y quiere solamente acariciar las luces,
la sonrisa doliente, la noche aterciopelada y muda.
Luz de la noche sobre el cuerpo tendido sin alma.
Alma fuera, alma fuera del cuerpo, planeando

---

45 En las ediciones de P. C. y de O. C., desaparece la coma entre
   ojos y *ciega.*
46 La desesperación amorosa es expresada, a veces, por el poeta mediante el verbo hundir en reflexivo; así en este verso como en
   el 56 de "Luna del paraíso" y en otros.

 * Diciembre 1939.
   Poema paradisíaco.
 2 No se corresponde bien el sentido de este verso con la idea general del libro. La exaltación de un mundo natural, ajeno al hombre e incluso más hermoso sin la presencia de éste, no tendría por
   qué ver con tristeza a la rama a causa de que su fruto carezca de
   otro destino que su propia hermosura. Es un matiz humanista y
   utilitario extraño a *Sombra del paraíso,* aunque se aproxime a
   sentimientos de libros posteriores del autor.
 9 En la edición de O. C. se ha omitido —por errata— la palabra
   fuera (repetida) entre *alma* y *del cuerpo.*

tan delicadamente sobre la triste forma   10
  abandonada.
Alma de niebla dulce, suspendida
sobre su ayer amante, cuerpo inerme
que pálido se enfría con las nocturnas horas
y queda quieto, solo, dulcemente vacío.

Alma de amor que vela y se separa   15
vacilando, y al fin se aleja tiernamente fría.

LA ROSA*

Yo sé que aquí en mi mano
te tengo, rosa fría.
Desnudo el rayo débil
del sol te alcanza. Hueles,
emanas. ¿Desde dónde,   5
trasunto helado que hoy
me mientes? ¿Desde un reino
secreto de hermosura,
donde tu aroma esparces
para invadir un cielo   10
total en que dichosos
tus solos aires, fuegos,
perfumes se respiran?
¡Ah, sólo allí celestes
criaturas tú embriagas!   15

9 y 10 Quizá sean éstos los versos de tendencia más espiritualista del
    libro. La separación de alma y cuerpo y, singularmente, la abstrac-
    ción del espíritu es, en las religiones, una consecuencia del ani-
    mismo. Los griegos se representaban el alma de los muertos como
    pequeños seres alados (*psyché* quiere decir *mariposa*). Aleixan-
    dre, en este poema, ve el alma "planeando" sobre el cuerpo, como
    "niebla dulce".

  * 2 de mayo de 1943.
    Otro poema de medida clásica: heptasílabos blancos. Este poema
    se ha presentado, a veces, como una muestra de huella platónica
    en el pensamiento del poeta.
6 y 12 Oposición de dos mundos: el real del poeta y el imaginado y
    misterioso, mediante las palabras *helado* y *fuegos*.
14 Supresión del acento de la palabra *sólo,* en la edición de O. C.

Pero aquí, rosa fría,
secreta estás, inmóvil;
menuda rosa pálida
que en esta mano finges
tu imagen en la tierra.   20

LAS MANOS*

Mira tu mano, que despacio se mueve,
transparente, tangible, atravesada por la luz,
hermosa, viva, casi humana en la noche.
Con reflejo de luna, con color de mejilla, con
    vaguedad de sueño
mírala así crecer, mientras alzas el brazo,   5
búsqueda inútil de una noche perdida,
ala de luz que cruzando en silencio
toca carnal esa bóveda oscura.

No fosforece tu pesar, no ha atrapado
ese caliente palpitar de otro vuelo.   10
Mano volante perseguida: pareja.
Dulces, oscuras, apagadas, cruzáis.

Sois las amantes vocaciones, los signos
que en la tiniebla sin sonido se apelan.
Cielo extinguido de luceros que, tibio,   15
campo a los vuelos silenciosos te brindas.
Manos de amantes que murieron, recientes,

---

* El tema de las manos ha sido tratado varias veces por Aleixandre.
Después de este poema, escribió "Mano entregada" para el libro
Historia del corazón y, para el libro *En un vasto dominio,* los
poemas "La mano" y "Mano del poeta viejo".
3 Calificar la mano de *casi humana* no es una contradicción, sino una
atribución de personalidad exenta a la mano. A la vez, es *casi*
humana por el paso de la muerte.
12 En las ediciones de P. C. y de O. C., desaparece la coma entre la
palabra *dulces* y la palabra *oscuras,* lo que debe considerarse como
errata.

manos con vida que volantes se buscan
y cuando chocan y se estrechan encienden
sobre los hombres una luna instantánea.

LOS BESOS*

Sólo eres tú, continua,
graciosa, quien se entrega,
quien hoy me llama. Toma,
toma el calor, la dicha,
la cerrazón de bocas   5
selladas. Dulcemente
vivimos. Muere, ríndete.
Sólo los besos reinan:
sol tibio y amarillo,
riente, delicado,   10
que aquí muere, en las bocas
felices, entre nubes
rompientes, entre azules
dichosos, donde brillan
los besos, las delicias   15
de la tarde, la cima
de este poniente loco,
quietísimo, que vibra
y muere. —Muere, sorbe
la vida. —Besa. —Beso.   20
¡Oh mundo así dorado!

18 La observación formulada al verso 3 se corrobora en éste, en la
consideración de "manos con vida" para las de los "amantes que
murieron".

* 23 octubre de 1942.
Poema heptasílabo: uno de los once que el libro ofrece en esa
medida clásica.
Otro poema del mismo asunto y del mismo título aparece en el
Apéndice. Aunque la forma es distinta, existen algunas semejanzas
como el *reinan* del verso 8, o el calificativo de *dorado* del verso 21.
También en *La destrucción o el amor* aparece un poema semejante,
con el título de *Hay más*, en el cual el clima erótico de los besos
vuelve a *dorar* el ámbito luminoso. En *Poemas de la consumación*
se inserta el poema "Beso póstumo".

3

PRIMAVERA EN LA TIERRA *

Vosotros fuisteis,
espíritus de un alto cielo,
poderes benévolos que presidisteis mi vida,
iluminando mi frente en los feraces días de la
    alegría juvenil.

Amé, amé la dichosa Primavera   5
bajo el signo divino de vuestras alas levísimas,
oh poderosos, oh extensos dueños de la tierra.
Desde un alto cielo de gloria,
espíritus celestes, vivificadores del hombre,
iluminasteis mi frente con los rayos vitales de un   10
    sol que llenaba la tierra de sus totales cánticos.

---

  * Tiene como primera peculiaridad este poema el haber sido el inicial del libro: se escribió en septiembre de 1939.
Poema paradisíaco.
Bousoño ha señalado en este poema cierta influencia de Hölderlin,
por el politeísmo. Ese politeísmo es más bien —según creo— la
concepción griega de un mundo en que se funden el ser humano y
las esencias múltiples de la naturaleza. Recordemos, en relación
con este poema y con esta aproximación al romanticismo germano,
unos versos de Hölderlin: "Tibio y suave sopla el aire. / La amiga
Primavera se tiende amorosa en el valle".
La importancia del poema, conociendo como conocemos su primo-
genitura, es extraordinaria. En él se encuentra el alcaloide para
obtener todos los demás poemas del libro. Además, en sus versos
creo ver la clave del motivo coyuntural de esta obra, según se
analiza en el estudio previo.

Todo el mundo creado
resonaba con la amarilla gloria
de la luz cambiante.
Pájaros de colores,
con azules y rojas y verdes y amatistas,   15
coloreadas alas con plumas como el beso,
saturaban la bóveda palpitante de dicha,
batiente como seno, como plumaje o seno,
como la piel turgente que los besos tiñeran.

Los árboles saturados colgaban   20
densamente cargados de una savia encendida.
Flores pujantes, hálito repentino de una tierra
    gozosa,
abrían su misterio, su boca suspirante.
labios rojos que el sol dulcemente quemaba.

Todo abría su cáliz bajo la luz caliente.   25

Las grandes rocas, casi de piedra o carne,
se amontonaban sobre dulces montañas,
que reposaban cálidas como cuerpos cansados
de gozar una hermosa sensualidad luciente.
Las aguas vivas, espumas del amor en los cuerpos, 30
huían, se atrevían, se rozaban, cantaban.
Risas frescas los bosques enviaban, ya mágicos;
atravesados sólo de un atrevido viento.

Pero vosotros, dueños fáciles de la vida,
presidisteis mi juventud primera.   35
Un muchacho desnudo, cubierto de vegetal alegría,
huía por las arenas vívidas del amor

17 Entiéndese "bóveda celeste".
22 a 24, 26 a 28 y 46 a 48 No sólo se muestra aquí un animismo in-
    tenso (que prosigue en los versos 30 a 33 y en otros), sino la sen-
    sual conversión de la naturaleza (*flor, piedra, nube*) en elementos
    eróticos (*boca, labios, carne, mejillas*) y el curioso cierre del ciclo,
    para volver a la flor (*pureza de magnolia mojada*).
35 Verso que nos permite localizar exactamente el lapso vital añorado.
    (Véase el estudio preliminar.)

hacia el gran mar extenso,
hacia la vasta inmensidad derramada
que melodiosamente pide un amor consumado. 40

La gran playa marina,
no abanico, no rosa, no vara de nardo,
pero concha de un nácar irisado de ardores,
se extendía vibrando, resonando, cantando,
poblada de unos pájaros de virginal blancura. 45

Un rosa cándido por las nubes remotas
evocaba mejillas recientes donde un beso
ha teñido purezas de magnolia mojada,
ojos húmedos, frente salina y alba
y un rubio pelo que en el ocaso ondea. 50

Pero el mar se irisaba. Sus verdes cambiantes,
sus azules lucientes, su resonante gloria
clamaba erguidamente hasta los puros cielos,
emergiendo entre espumas su vasta voz amante.

En ese mar alzado, gemidor, que dolía 55
como una piedra toda de luz que a mí me amase,
mojé mis pies, herí con mi cuerpo sus ondas,
y dominé insinuando mi bulto afiladísimo,
como un delfín que goza las espumas tendidas.

Gocé, sufrí, encendí los agoniosos mares, 60
los abrasados mares,
y sentí la pujanza de la vida cantando,
ensalzado en el ápice del placer a los cielos.

Siempre fuisteis, oh dueños poderosos,
los dispensadores de todas las gracias, 65

41-45 En el recuerdo del poeta están las playas malagueñas de su infancia. Las negaciones aquí son —como ha señalado Bousoño— cuasi afirmativas.
51 En la edición de O. C. falta el reflexivo *se*.
60 *Agonioso*: ansioso.

tutelares hados eternos que presidisteis la fiesta
   de la vida
que yo viví como criatura entre todas.

Los árboles, las espumas, las flores, los abismos,
como las rocas y aves y las aguas fugaces,
todo supo de vuestra presencia invisible   70
en el mundo que yo viví en los alegres días
   juveniles.

Hoy que la nieve también existe bajo vuestra
   presencia,
miro los cielos de plomo pesaroso
y diviso los hierros de las torres que elevaron los
   hombres
como espectros de todos los deseos efímeros.   75

Y miro las vagas telas que los hombres ofrecen,
máscaras que no lloran sobre las ciudades
   cansadas,
mientras siento lejana la música de los sueños
en que escapan las flautas de la Primavera
   apagándose.

72-75 Contraposición de la realidad adversa, desde la que el poeta
   escribe. (Véase el estudio inicial.)
76-79 La exaltación del sueño, que tiene en Aleixandre una huella
   del superrealismo, la tiene también del romanticismo alemán (Hölderlin: "El hombre es un dios cuando sueña, un pordiosero cuando
   reflexiona"; E. T. A. Hoffmann: "mediante los sueños, nos co-
   municamos con 'el alma del mundo' ") y del francés (Nerval: "el
   sueño es una segunda vida").

CASI ME AMABAS *

Alma celeste para amar nacida.
ESPRONCEDA.

Casi me amabas.
Sonreías, con tu gran pelo rubio donde la luz
resbala hermosamente.
Ante tus manos el resplandor del día se aplacaba
continuo,
dando distancia a tu cuerpo perfecto.
La transparencia alegre de la luz no ofendía,   5
pero doraba dulce tu claridad indemne.
Casi..., casi me amabas.

Yo llegaba de allí, de más allá, de esa oscura
conciencia
de tierra, de un verdear sombrío de selvas
fatigadas,
donde el viento caducó para las rojas músicas;   10
donde las flores no se abrían cada mañana
celestemente
ni donde el vuelo de las aves hallaba al amanecer
virgen el día.

Un fondo marino te rodeaba.
Una concha de nácar intacta bajo tu pie, te ofrece

---

* 17 de noviembre de 1941.
  La cita de Espronceda [José de Espronceda, nacido en Almendralejo (Badajoz) en 1808, muerto en madrid, en 1842. Figura preeminente del Romanticismo español. Político progresista] es un endecasílabo de la parte segunda del extenso poema *El estudiante de Salamanca*.
  Bousoño ha señalado alguna influencia de Espronceda en el poema de este libro "Plenitud del amor". También puede apreciarse cierta concomitancia entre los temas cósmicos de Aleixandre y el "Himno al sol" o "A una estrella", de Espronceda, lo que acaso reconozca origen común en el Romanticismo alemán.
4 En las varias combinaciones silábicas y acentuales del verso aleixandrino, no es infrecuente el endecasílabo anapéstico o de gaita gallega que aquí se da, y se repite en otros poemas.

a ti como la última gota de una espuma marina.   15
Casi..., casi me amabas.

¿Por qué viraste los ojos, virgen de las entrañas
   del mundo
que esta tarde de primavera
pones frialdad de luna sobre la luz del día
y como un disco de castidad sin noche,   20
huyes rosada por un azul virgíneo?

Tu escorzo dulce de pensativa rosa sin destino
mira hacia el mar. ¿Por qué, por qué ensordeces
y ondeante al viento tu cabellera, intentas
mentir los rayos de tu lunar belleza?   25

¡Si tú me amabas como la luz!... No escapes,
mate, insensible, crepuscular, sellada.
Casi, casi me amaste. Sobre las ondas puras
del mar sentí tu cuerpo como estelar espuma,
caliente, vivo, propagador. El beso   30
no, no, no fue de luz: palabras
nobles sonaron: me prometiste el mundo
recóndito, besé tu aliento, mientras la crespa ola
quebró en mis labios, y como playa tuve
todo el calor de tu hermosura en brazos.   35

17 *Virar*. Cambiar de rumbo.
20 Bousoño ha comparado este verso con el de Somoza: "y con el
   disco de la casta diosa". Sin duda, ambos encuentran su antecedente en la Mitología, con la diosa virgen, Artemisa, equiparada
   a la Luna. Claro que el verso de Somoza, décimo tercero de un
   soneto amoroso, alude directamente al mito y el de Aleixandre, no.
   [José Somoza, 1781-1852. Natural de Piedrahita (Ávila). Poeta y
   prosista prerromántico, compañero de Meléndez Valdés, Jovellanos
   y Quintana y, en su exilio en Francia, amigo de Musset. Diputado
   liberal.]
22 *Escorzo*. Del verbo escorzar: representar la figura dibujada de
   manera que se perciban proporcionadamente y según la perspec-
   tiva, las partes perpendiculares u oblicuas al plano. Se trata, pues,
   en el poema, de describir el rostro de la amada que ha vuelto los
   ojos, según se deduce del verso 17.

Sí, sí, me amaste sobre los brillos, fija,
final, extática. El mar inmóvil
detuvo entonces su permanente aliento,
y vi en los cielos resplandecer la luna,
feliz, besada, y revelarme el mundo.   40

LOS POETAS*

¿Los poetas, preguntas?

Yo vi una flor quebrada
por la brisa. El clamor
silencioso de pétalos
cayendo arruinados   5
de sus perfectos sueños.
¡Vasto amor sin delirio
bajo la luz volante,
mientras los ojos miran
un temblor de palomas   10
que una asunción inscriben!
Yo vi, yo vi otras alas.
Vastas alas dolidas.
Ángeles desterrados
de su celeste origen   15
en la tierra dormían
su paraíso excelso.
Inmensos sueños duros
todavía vigentes
se adivinaban sólidos   20
en su frente blanquísima.
¿Quién miró aquellos mundos,
isla feraz de un sueño,
pureza diamantina
donde el amor combate?   25

---

* Otro de los once poemas heptasílabos. En el verso 5.º es necesaria una diéresis en la palabra *arrüinados*, o bien hay que evitar
la sinalefa entre las dos palabras que lo integran.
14 Rubén Darío consideró a los poetas "torres de Dios"; Aleixandre
los considera "ángeles desterrados" de un "origen celeste".

¿Quién vio nubes volando,
brazos largos, las flores,
las caricias, la noche
bajo los pies, la luna
como un seno pulsando?   30
Ángeles sin descanso
tiñen sus alas lúcidas
de un rubor sin crepúsculo,
entre los valles verdes.
Un amor, mediodía,   35
vertical se desploma
permanente en los hombros
desnudos del amante.
Las muchachas son ríos
felices; sus espumas   40
—manos continuas— atan
a los cuellos las flores
de una luz suspirada
entre hermosas palabras.
Los besos, los latidos,   45
las aves silenciosas,
todo está allá, en los senos
secretísimos, duros,
que sorprenden continuos
a unos labios eternos.   50
¡Qué tierno acento impera
en los bosques sin sombras,
donde las suaves pieles,
la gacela sin nombre,
un venado dulcísimo,   55
levanta su respuesta
sobre su frente al día!
¡Oh, misterio del aire
que se enreda en los bultos

---

54 *Gacela.* Antílope algo menor que el corzo. Mujer esbelta y bella.
Poema amoroso de la lírica arábiga. El contexto nos lleva a la primera acepción, máxime si relacionamos el verso con el siguiente.
55 *Venado.* De la familia de los cérvidos; ciervo de patas largas. Gacela y venado son vocablos que recuerdan el vocabulario de la
poesía mística castellana.

inexplicablemente,   60
como espuma sin dueño!
Ángeles misteriosos,
humano ardor, erigen
cúpulas pensativas
sobre las frescas ondas.   65
Sus alas laboriosas
mueven un viento esquivo,
que abajo roza frentes
amorosas del aire.
Y la tierra sustenta   70
pies desnudos, columnas
que el amor ensalzara,
templos de dicha fértil,
que la luna revela.
Cuerpos, almas o luces   75
repentinas, que cantan
cerca del mar, en liras
casi celestes, solas.

¿Quién vio ese mundo sólido,
quién batió con sus plumas   80
ese viento radiante
que en unos labios muere
dando vida a los hombres?
¿Qué legión misteriosa,
ángeles en destierro,   85
continuamente llega,
invisible a los ojos?
No, no preguntes; calla.
La ciudad, sus espejos,
su voz blanca, su fría   90
crueldad sin sepulcro,
desconoce esas alas.

Tú preguntas, preguntas...

63 *Humano ardor.* Esta elocución sirvió de título para un poema de
Mundo a solas.

LUNA DEL PARAÍSO *

Símbolo de la luz tú fuiste,
oh luna, en las nocturnas horas coronadas.
Tu pálido destello,
con el mismo fulgor que una muda inocencia,
aparecía cada noche presidiendo mi dicha,   5
callando tiernamente sobre mis frescas horas.

Un azul grave, pleno, serenísimo,
te ofrecía su seno generoso
para tu alegre luz, oh luna joven,
y tú tranquila, esbelta, resbalabas   10
con un apenas insinuado ademán de silencio.

¡Plenitud de tu estancia en los cielos completos!
No partida por la tristeza,
sino suavemente rotunda, liminar, perfectísima,
yo te sentía en breve como dos labios dulces   15
y sobre mi frente oreada de los vientos clementes
sentía tu llamamiento juvenil, tu posada ternura.

No era dura la tierra. Mis pasos resbalaban
como mudas palabras sobre un césped amoroso.
Y en la noche estelar, por los aires, tus ondas   20
volaban, convocaban, musitaban, querían.

¡Cuánto te amé en las sombras! Cuando aparecías
   en el monte,
en aquel monte tibio, carnal bajo tu celo,
tu ojo lleno de sapiencia velaba
sobre mi ingenua sangre tendida en las laderas.   25

---

* Septiembre 1940.
   Al igual que en el poema a una estrella se identifican estrella-aman-
   te, en éste se identifican luna-amante, con lo que el sentido cósmico del amor en Aleixandre no sólo comprende una fuerza unitiva
   y armónica de la naturaleza, sino también la fusión de objetos
   amados.
14 *Liminar.* De *limen* = umbral. Propio del principio.
15 y 23 Dos nuevos y expresivos ejemplos de conversión del paisaje en
   elemento erótico: la luna hecha *dos labios*; el monte, vuelto *monte
   carnal.*

Y cuando de mi aliento ascendía el más gozoso
cántico
hasta mí el río encendido me acercaba tus gracias.

Entre las frondas de los pinos oscuros
mudamente vertías tu tibieza invisible,
y el ruiseñor silencioso sentía su garganta desatarse   30
de amor
si en sus plumas un beso de tus labios dejabas.

Tendido sobre el césped vibrante,
¡cuántas noches cerré mis ojos bajo tus dedos
blandos,
mientras en mis oídos el mágico pájaro nocturno
se derretía en el más dulce frenesí musical!   35

Toda tu luz velaba sobre aquella cálida bola de
pluma
que te cantaba a ti, luna bellísima,
enterneciendo a la noche con su ardiente
entusiasmo,
mientras tú siempre dulce, siempre viva, enviabas
pálidamente tus luces sin sonido.   40

En otras noches, cuando el amor presidía mi dicha,
un bulto claro de una muchacha apacible,
desnudo sobre el césped era hermoso paisaje.
Y sobre su carne celeste, sobre su fulgor rameado
besé tu luz, blanca luna ciñéndola.   45

Mis labios en su garganta bebían tu brillo, agua
pura, luz pura;
en su cintura estreché tu espuma fugitiva,
y en sus senos sentí tu nacimiento tras el monte
incendiado,
pulidamente bella sobre su piel erguida.

34 *Mágico pájaro nocturno.* El ruiseñor.
36 *Bola de pluma.* El ruiseñor.

Besé sobre su cuerpo tu rubor, y en los labios,   50
roja luna, naciste, redonda, iluminada,
luna estrellada por mi beso, luna húmeda
que una secreta luz interior me cediste.

Yo no tuve palabras para el amor. Los cabellos
acogieron mi boca como los rayos tuyos.   55
En ellos yo me hundí, yo me hundí preguntando
si eras tú ya mi amor, si me oías besándote.

Cerré los ojos una vez más y tu luz límpida,
tu luz inmaculada me penetró nocturna.
Besando el puro rostro, yo te oí ardientes voces,   60
dulces palabras que tus rayos cedían,
y sentí que mi sangre, en tu luz convertida,
recorría mis venas destellando en la noche.

Noches tuyas, luna total: ¡oh luna, luna entera!
Yo te amé en los felices días coronados.   65
Y tú, secreta luna, luna mía,
fuiste presente en la tierra, en mis brazos
    humanos.

HIJO DEL SOL *

La luz, la hermosa luz del Sol,
cruel envío de un imposible,

52 En las ediciones de P. C. y de O. C. aparece una coma entre *estrellada* y *por*.
56 La desesperación amorosa es expresada, a veces, por el poeta mediante el verbo *hundir*, en reflexivo. Así en este verso como en el 46 del poema "El desnudo".
58 En la edición de O. C. falta la coma final de verso.
Este poema se publicó por primera vez en la revista *Escorial*, cuaderno 39, Madrid, enero 1944.

* 28 de octubre de 1940.
Poema paradisíaco.
En mi biografía del poeta, he insinuado que esta comunión con el sol puede relacionarse con la ascendencia levantina de Aleixandre, por línea paterna, y el ancestral culto ígneo que las gentes de esa raza mediterránea conservan.

dorado anuncio de un fuego hurtado al hombre,
envía su fulgurante promesa arrebatada,
siempre, siempre en el cielo, serenamente estático.   5

Tú serías, tu lumbre empírea,
carbón para el destino quemador de unos labios,
sello indeleble a una inmortalidad convocada,
sonando en los oídos de un hombre alzado a un
   mito.

¡Oh estrellas, oh luceros! Constelación eterna   10
salvada al fin de un sufrimiento terreno,
bañándose en un mar constante y puro.
Tan infinitamente,
sobrevivirías, tan alto,
hijo del Sol, hombre al fin rescatado,   15
sublime luz creadora, hijo del universo,
derramando tu sonido estelar, tu sangre-mundos.

¡Oh Sol, Sol mío!

Pero el Sol no reparte
sus dones: 20

3 y 10 Recuerdo del mito de Prometeo, que robó el fuego para los
   hombres, aunque no logró hacerlos más felices.
   4 *Arrebatada.* Puede, en este verso, ser adjetivo que indica "rostro,
   o cara, de color muy encendido". Puede, también, ser participio
   pasado del verbo *arrebatar*, e indicar que la *promesa* ha sido sus-
   traída con violencia y fuerza, lo que se correspondería con *fuego
   hurtado*, del verso anterior, guardando asimismo relación con
   Mentida promesa, del verso 33. Como participio, igualmente podría significar una *promesa* "abrasada por exceso de fuego". Es
   curioso observar que Espronceda, en el cuarto verso de su "Himno
   al sol", también emplea la palabra "arrebatada" anfibológicamente.
   (Ver nota al poema "Casi me amabas".)
   6 *Empíreo-a.* Perteneciente al cielo.
7 y 30 Carbón y combustible, dan idea de una consumación en la
   belleza y en el amor que se expresó con la misma palabra en el
   poema "Ven siempre, ven" de *La destrucción o el amor*, vol-
   viendo a aparecer, aunque con acento más dramático y de dolor
   injusto, en el poema "Sol duro", del libro *En un vasto dominio*.
   También se emplea en el verso 16 del poema "Último amor", del
   presente volumen.
17 En las ediciones de P. C. y de O. C., desaparece el guión unitivo
   de *sangre-mundos.*

da sólo sombras,
sombras, espaldas de una luz engañosa,
sombras frías, dolientes muros para unos labios
hechos para ti, Sol, para tu lumbre en tacto.

Yo te veo, hermosísimo,   25
amanecer cada día,
sueño de una mente implacable,
dorado Sol para el que yo nací como todos los
    hombres,
para abrasarme en tu lumbre corpórea,
combustible de carne hecho ya luz, luz sólo, en tu   30
    pira de fuego.

Sólo así viviría...

Pero te miro ascender lentamente,
fulgurando tu mentida promesa,
convocando tan dulce sobre mi carne el tibio
calor, tu hálito mágico,   35
mientras mis brazos alzo tendidos en el aire.

Pero nunca te alcanzo, boca ardiente,
pecho de luz contra mi pecho todo,
destino mío inmortal donde entregarme
a la muerte abrasante hecho chispas perdidas.   40

Devuelto así por tu beso a los espacios,
a las estrellas, oh sueño primaveral de un fuego
    célico.
Devuelto en brillos dulces, en veladora promesa,
en ya eterna belleza del amor, con descanso.

---

30 Salvo en *caló* (pira = huida), todas las *piras* son de *fuego*, como
   impone la propia razón etimológica. Aleixandre emplea un pleo-
   nasmo para reforzar la expresión del poder abrasador del sol.
39-40 Expresión del deseo panteísta de integrarse en la Naturaleza.
42 *Célico.* Adjetivo que quiere decir *celestial*, pero intensificando su
   matiz de perfecto y delicioso.

COMO SERPIENTE *

Miré tus ojos sombríos bajo el cielo apagado.
Tu frente mate con palidez de escama.
Tu boca, donde un borde morado me estremece.
Tu corazón inmóvil como una piedra oscura.

Te estreché la cintura, fría culebra gruesa que en   5
  mis dedos resbala.
Contra mi pecho cálido sentí tu paso lento.
Viscosamente fuiste sólo un instante mía,
y pasaste, pasaste, inexorable y larga.

Te vi después, tus dos ojos brillando
tercamente, tendida sobre el arroyo puro,   10
beber un cielo inerme, tranquilo, que ofrecía
para tu lengua bífida su virginal destello.

Aún recuerdo ese brillo de tu testa sombría,
negra magia que oculta bajo su crespo acero
la luz nefasta y fría de tus pupilas hondas,   15
donde un hielo en abismos sin luz subyuga a nadie.

¡A nadie! Sola, aguardas un rostro, otra pupila,
azul, verde, en colores felices que rielen
claramente amorosos bajo la luz del día,
o que revelen dulces la boca para un beso.   20

---

* 13 de septiembre de 1941.
  Como. Conjunción modal o comparativa.
  Ya se ha señalado en un poema anterior la presencia reiterada del
  ofidio en las imágenes de fauna, dentro de la poesía aleixandrina.
  Sobre sus pródigas apariciones en diferentes poemas, en *La des-*
  trucción o el amor figura un poema titulado "Cobra".
  Luis Felipe Vivanco ha sacado la consecuencia curiosa (en su estudio "La Generación Poética del 27") de que en el presente libro
  el mal está representado por la serpiente (este poema) y por el
  ángel caído (poema "Arcángel de tinieblas"), como en la Biblia.
12 *Bífido.* Adjetivo: hendido en dos partes. Lengua bífida: la de
  las serpientes.
16-17 *A nadie. / ¡A nadie!...* Ejemplo de anadiplosis, que vuelve a
  darse en los versos 28-29.

Pero no. En ese monte pelado, en esa cumbre
pelada, están los árboles pelados que tú ciñes.
¿Silba tu boca cruda, o silba el viento roto?
¿Ese rayo es la ira de la maldad, o es sólo
el cielo que desposa su fuego con la cima?   25

¿Esa sombra es tu cuerpo que en la tormenta
    escapa,
herido de la cólera nocturna, en el relámpago,
o es el grito pelado de la montaña, libre,
libre sin ti y ya monda, que fulminada exulta?

MAR DEL PARAÍSO *

Heme aquí frente a ti, mar, todavía...
Con el polvo de la tierra en mis hombros,
impregnado todavía del efímero deseo apagado
    del hombre,
heme aquí, luz eterna,
vasto mar sin cansancio,   5
última expresión de un amor que no acaba,
rosa del mundo ardiente.

Eras tú, cuando niño,
la sandalia fresquísima para mi pie desnudo.
Un albo crecimiento de espumas por mi pierna   10
me engañara en aquella remota infancia de
    delicias.
Un sol, una promesa
de dicha, una felicidad humana, una cándida
    correlación de luz
con mis ojos nativos, de ti, mar, de ti, cielo,

28 En las ediciones de P. C. y de O. C., desaparece la coma tras la
    palabra *montaña*.
29 *Exultar*: mostrar alegría.

 * 12 de junio de 1941.
   Poema paradisíaco.
   Uno de los poemas que más reflejan las vivencias de los años in-
   fantiles del poeta en la región malagueña.

imperaba generosa sobre mi frente deslumbrada   15
y extendía sobre mis ojos su inmaterial palma
  alcanzable,
abanico de amor o resplandor continuo
que imitaba unos labios para mi piel sin nubes.

Lejos el rumor pedregoso de los caminos oscuros
donde hombres ignoraban tu fulgor aún virgíneo   20
Niño grácil, para mí la sombra de la nube en la
  playa
no era el torvo presentimiento de mi vida en su
  polvo,
no era el contorno bien preciso donde la sangre
  un día
acabaría coagulada, sin destello y sin numen.
Más bien, con mi dedo pequeño, mientras la nube   25
  detenía su paso,
yo tracé sobre la fina arena dorada su perfil
  estremecido,
y apliqué mi mejilla sobre su tierna luz transitoria,
mientras mis labios decían los primeros nombres
  amorosos:
cielo, arena, mar...

El lejano crujir de los aceros, el eco al fondo de   30
  los bosques partidos por los hombres,
era allí para mí un monte oscuro pero también
  hermoso.

---

17 En este verso, la famosa *o* aleixandrina tiene función de conjunción copulativa, puesto que une dos imágenes con valores indivi-
dualmente válidos y conjuntamente compatibles.

20 En las ediciones de P. C. y de O. C., cambia la segunda persona
tu por la tercera: *su*. Sin embargo, en la tercera edición de *Mis
poemas mejores* el poeta ha mantenido la forma *tu*. Estimo que es
la que debe prevalecer.

24 *Numen*. Cualquiera de los dioses paganos. También quiere decir
"inspiración". La palabra proviene del latín *numen-inis*, que significa "voluntad y poder divinos". Quizá Aleixandre la emplea
en este último sentido, según se comenta en el estudio previo.

Y mis oídos confundían el contacto heridor del
   labio crudo
del hacha en las encinas
con un beso implacable, cierto de amor, en ramas.

La presencia de peces por las orillas, su plata   35
   núbil,
el oro no manchado por los dedos de nadie,
la resbalosa escama de la luz, era un brillo en los
   míos.
No apresé nunca esa forma huidiza de un pez en
      su hermosura,
la esplendente libertad de los seres,
ni amenacé una vida, porque amé mucho: amaba   40
sin conocer el amor; sólo vivía...

Las barcas que a lo lejos
confundían sus velas con las crujientes alas
de las gaviotas o dejaban espuma como suspiros
   leves,
hallaban en mi pecho confiado un envío,   45
un grito, un nombre de amor, un deseo para mis
   labios húmedos,
y si las vi pasar, mis manos menudas se alzaron
y gimieron de dicha a su secreta presencia,
ante el azul telón que mis ojos adivinaron,
viaje hacia un mundo prometido, entrevisto,   50
al que mi destino me convocaba con muy dulce
   certeza.

Por mis labios de niño cantó la tierra; el mar
cantaba dulcemente azotado por mis manos
   inocentes.

---

38 Hernán Galilea (obra citada) considera este verso como expresión
   de "experiencia de lo eternamente escurridizo, de lo que se evade
   transformándose siempre en otra cosa". Sin embargo, por mi parte,
   considero los versos 38, 39 y 40 como, indirectamente, una ma-
   nifestación de antibelicismo y de defensa de la libertad, según
   comenté en el estudio.

La luz, tenuamente mordida por mis dientes
  blanquísimos,
cantó; cantó la sangre de la aurora en mi lengua.   55

Tiernamente en mi boca, la luz del mundo me
  iluminaba por dentro.
Toda la asunción de la vida embriagó mis sentidos.
Y los rumorosos bosques me desearon entre sus
  verdes frondas,
porque la luz rosada era en mi cuerpo dicha.

Por eso hoy, mar,   60
con el polvo de la tierra en mis hombros,
impregnado todavía del efímero deseo apagado
  del hombre,
heme aquí, luz eterna,
vasto mar sin cansancio,
rosa del mundo ardiente.   65
Heme aquí frente a ti, mar, todavía...

PLENITUD DEL AMOR *

¿Qué fresco y nuevo encanto,
qué dulce perfil rubio emerge
de la tarde sin nieblas?
Cuando creí que la esperanza, la ilusión, la vida,

---

54 *Tenuamente.* Todas las ediciones del libro han respetado esta forma, aparecida en la primera. Aleixandre compone, en este caso,
el adverbio con el adjetivo anticuado que admitía masculino y
femenino: *tenuo* y *tenua.* Actualmente es más usual el neutro *tenue* y, de él, el adverbio *tenuemente,* que el propio poeta emplea
en el poema "Muerte en el paraíso". Al pasar el presente poema
—"Mar del paraíso"— a las antologías, las transcripciones son
diversas. Algunas, son fieles a la primera edición; otras —como
la *Antología de poetas andaluces* (1952) de José Luis Cano, y
como *Poesía Española del siglo XX,* de Corrales Egea y Pierre
Darmangeat (1966)— cambian al más habitual *tenuemente.* De las
ediciones de *Mis poemas mejores,* la de 1956 mantiene *tenuamente,* en tanto que la de 1968 adopta *tenuemente.*

* Octubre 1939.
  Este poema se publicó por primera vez en la revista *Garcilaso,*
  n.º 12, Madrid, abril de 1944.

derivaba hacia oriente   5
en triste y vana busca del placer.
Cuando yo había visto bogar por los cielos
imágenes sonrientes, dulces corazones cansados,
espinas que atravesaban bellos labios,
y un humo casi doliente   10
donde palabras amantes se deshacían como el
    aliento del amor sin destino...
Apareciste tú ligera como el árbol,
como la brisa cálida que un oleaje envía del
    mediodía, envuelta
en las sales febriles, como en las frescas aguas del
    azul.

Un árbol joven, sobre un limitado horizonte,   15
horizonte tangible para besos amantes;
un árbol nuevo y verde que melodiosamente
    mueve sus hojas altaneras
alabando la dicha de su viento en los brazos.

Un pecho alegre, un corazón sencillo como la
    pleamar remota
que hereda sangre, espuma, de otras regiones   20
    vivas.
Un oleaje lúcido bajo el gran sol abierto,
desplegando las plumas de una mar inspirada;
plumas, aves, espumas, mares verdes o cálidas:
todo el mensaje vivo de un pecho rumoroso.

Yo sé que tu perfil sobre el azul tierno del   25
    crepúsculo entero,
no finge vaga nube que un ensueño ha creado.

---

21 *Lúcido.* Empleado en el sentido de *luciente,* que luce o brilla.
22 *Inspirado, inspirada.* De verbo *inspirar,* que en su segunda acepción quiere decir "soplar el viento".
26 Carlos Bousoño ha señalado en este verso la gran semejanza de la frase "no finge vaga nube", con otra de Espronceda que dice: "...y hermosa nube / fingí tal vez...". Se trata del soneto que comienza "Fresca, lozana, pura y olorosa". En él, Espronceda declara que "en alas del amor", fingió una nube de alegría, pero

¡Qué dura frente dulce, qué piedra hermosa y viva,
encendida de besos bajo el sol melodioso,
es tu frente besada por unos labios libres,
rama joven bellísima que un ocaso arrebata!   30

¡Ah la verdad tangible de un cuerpo estremecido
entre los brazos vivos de tu amante furioso,
que besa vivos labios, blancos dientes, ardores
y un cuello como un agua cálidamente alerta!

Por un torso desnudo tibios hilillos ruedan.   35
¡Qué gran risa de lluvia sobre tu pecho ardiente!
¡Qué fresco vientre terso, donde su curva oculta
leve musgo de sombra rumoroso de peces!

Muslos de tierra, barcas donde bogar un día
por el músico mar del amor enturbiado   40
donde escapar libérrimos rumbo a los cielos altos
en que la espuma nace de dos cuerpos volantes.

¡Ah, maravilla lúcida de tu cuerpo cantando,
destellando de besos sobre tu piel despierta:
bóveda centelleante, nocturnamente hermosa,   45
que humedece mi pecho de estrellas o de
    espumas!

Lejos ya la agonía, la soledad gimiente,
las torpes aves bajas que gravemente rozaron mi
    frente en los oscuros días del dolor.

Lejos los mares ocultos que enviaban sus aguas,
pesadas, gruesas, lentas, bajo la extinguida zona   50
    de la luz.

---

que el bien se trocó en amargura. Es, obviamente, un poema de
decepción amorosa, al contrario que el de Aleixandre, que lo es
de *plenitud*. Si, en efecto, nuestro poeta pudo recordar, o recibir
en una como llegada inconsciente, el soneto esproncediano, lo
que hace en su verso es contradecirlo, esto es: negar la posibilidad de engaño para su propia experiencia.

Ahora vuelto a tu claridad no es difícil
reconocer a los pájaros matinales que pían,
ni percibir en las mejillas los impalpables velos
  de la Aurora,
como es posible sobre los suaves pliegues de la
  tierra
divisar el duro, vivo, generoso desnudo del día,   55
que hunde sus pies ligeros en unas aguas
  transparentes.

Dejadme entonces, vagas preocupaciones de ayer,
abandonar mis lentos trajes sin música,
como un árbol que depone su luto rumoroso,
su mate adiós a la tristeza,   60
para exhalar feliz sus hojas verdes, sus azules
  campánulas
y esa gozosa espuma que cabrillea en su copa
cuando por primera vez le invade la riente
  Primavera.

Después del amor, de la felicidad activa del amor,
  reposado,
tendido, imitando descuidadamente un arroyo,   65
yo reflejo las nubes, los pájaros, las futuras
  estrellas,
a tu lado, oh reciente, oh viva, oh entregada;
y me miro en tu cuerpo, en tu forma blanda,
  dulcísima, apagada,
como se contempla la tarde que colmadamente
  termina.

---

51 En las ediciones de P. C. y de O. C., tras la palabra *Ahora* se
  coloca una coma.
59 *Deponer.* Empleado en su primera acepción: dejar o apartar de sí.
68 En las ediciones de P. C. y de O. C. se suprime el segundo *tu*;
  dice: *en forma blanda,* en lugar de *en tu forma blanda.* Se trata
  según he podido confirmar, de una errata.

LOS DORMIDOS*

¿Qué voz entre los pájaros de esta noche de
  ensueño
dulcemente modula los nombres en el aire?
¡Despertad! Una luna redonda gime o canta
entre velos, sin sombra, sin destino, invocándoos.
Un cielo herido a luces, a hachazos, llueve el oro   5
sin estrellas, con sangre, que en un torso resbala;
revelador envío de un destino llamando
a los dormidos siempre bajo los cielos vívidos.

¡Despertad! Es el mundo, es su música. ¡Oídla!
La tierra vuela alerta, embriagada de visos,   10
de deseos, desnuda, sin túnica, radiante,
bacante en los espacios que un seno muestra
  hermoso,
azulado de venas, de brillos, de turgencia.

¡Mirad! ¿No véis un muslo deslumbrador que
  avanza?
¿Un bulto victorioso, un ropaje estrellado   15
que retrasadamente revuela, cruje, azota
los siderales vientos azules, empapados?

¿No sentís en la noche un clamor? ¡Ah dormidos,
sordos sois a los cánticos! Dulces copas se alzan:
¡Oh estrellas mías, vino celeste, dadme toda   20
vuestra locura, dadme vuestro bordes lucientes!
Mis labios saben siempre sorberos, mi garganta
se enciende de sapiencia, mis ojos brillan dulces.

    * 25 de agosto de 1940.
      Poema paradisíaco.
      Único poema del libro (salvo el Apéndice) escrito íntegramente en
    versos alejandrinos, sin ninguna otra combinación silábica.
  10 *Viso*. Segunda acepción: reflejo o color que se advierte en una .
    superficie cuando la hiere la luz con determinada inclinación.
  12 *Bacante*. Mujer que celebraba las fiestas en honor del dios Baco.
    Mujer ebria, en fiesta desordenada y tumultuosa.

Toda la noche en mí destellando, ilumina
vuestro sueño, oh dormidos, oh muertos, oh   25
  acabados.

Pero no; muertamente callados, como lunas
de piedra, en tierra, sordos permanecéis, sin
  tumba.
Una noche de velos, de plumas, de miradas,
vuela por los espacios llevándoos, insepultos.

MUERTE EN EL PARAÍSO *

¿Era acaso a mis ojos el clamor de la selva,
selva de amor resonando en los fuegos
del crepúsculo,
lo que a mí se dolía con su voz casi humana?

¡Ah, no! ¿Qué pecho desnudo, qué tibia carne
  casi celeste,
                                               5
qué luz herida por la sangre emitía
su cristalino arrullo de una boca entreabierta,
trémula todavía de un gran beso intocado?

Un suave resplandor entre las ramas latía
como perdiendo luz, y sus dulces quejidos   10
tenuemente surtían de un pecho transparente.
¿Qué leve forma agotada, qué ardido calor humano
me dio su turbia confusión de colores
para mis ojos, en un póstumo resplandor
  intangible,
gema de luz perdiendo sus palabras de dicha? 15

---

26 a 29 Véase la interpretación que doy a este poema, y concretamente a estos versos, en las páginas del estudio previo.

* 5 de enero de 1941.

11 La forma que aquí se emplea del adverbio *tenuemente*, es la más
usual, frente a la anticuada *tenuemente* que se comenta en el poema "Mar del paraíso". Sin embargo, al pasar este poema —"Muerte en el paraíso"— a las ediciones de P. C. y de O. C., se ha
empleado *tenuemente*.

Inclinado sobre aquel cuerpo desnudo,
sin osar adorar con mi boca su esencia,
cerré mis ojos deslumbrados por un ocaso de
   sangre,
de luz, de amor, de soledad, de fuego.

Rendidamente tenté su frente de mármol   20
coloreado, como un cielo extinguiéndose.
Apliqué mis dedos sobre sus ojos abatidos
y aún acerqué a su rostro mi boca, porque acaso
de unos labios brillantes aún otra luz bebiese.

Sólo un sueño de vida sentí contra los labios   25
ya ponientes, un sueño de luz crepitante,
un amor que, aún caliente,
en mi boca abrasaba mi sed, sin darme vida.

Bebí, chupé, clamé. Un pecho exhausto,
quieto cofre de sol, desvariaba   30
interiormente sólo de resplandores dulces.
Y puesto mi pecho sobre el suyo, grité, llamé,
   deliré,
agité mi cuerpo, estrechando en mi seno sólo un
   cielo estrellado.

¡Oh dura noche fría! El cuerpo de mi amante,
tendido, parpadeaba, titilaba en mis brazos.   35
Avaramente contra mí ceñido todo,
sentí la gran bóveda oscura de su forma luciente,

18 En la edición de 1967, la palabra *deslumbrados* aparece en singular.
31 Como en otros poemas del libro, la edición de O. C. suprime el
   acento de la palabra *sólo*, aplicando —a mi juicio erróneamente,
   pues cae en anfibología— las nuevas normas académicas.
35 *Titilar*. Agitarse con ligero temblor alguna parte del organismo
   animal. Por extensión, centellear un cuerpo luminoso.

y si besé su muerto azul, su esquivo amor,
sentí su cabeza estrellada sobre mi hombro aún
   fulgir
y darme su reciente, encendida soledad de la noche.   40

MENSAJE*

Amigos, no preguntéis a la gozosa mañana
por qué el sol intangible da su fuerza a los
   hombres.
Bebed su claro don, su lucidez en la sombra,
en los brazos amantes de ese azul inspirado,
y abrid los ojos sobre la belleza del mar, como del   5
   amor,
ebrios de luz sobre la hermosa vida,
mientras cantan los pájaros su mensaje infinito
y hay un presentimiento de espuma en vuestras
   frentes
y un rapto de deseo en los aires dichosos,
que como labios dulces trémulamente asedian.   10

Vosotros venís de la remota montaña,
quieta montaña de majestad velada,
pero no ignoráis la luz, porque en los ojos nace
cada mañana el mar con su azul intocable,
su inmarcesible brío luminoso y clamante,   15
palabra entera que un universo grita
mientras besa a la tierra con perdidas espumas.

Recogiendo del aire una voz, un deseo,
un misterio que una mano quizá asiera un día
   entre un vuelo de pájaros,

---

* 15 de marzo de 1941.
  Poema paradisíaco.
  Este poema se publicó por primera vez en la revista *Espadaña*,
n.º 1, León, mayo de 1944.

contempláis el amor, cósmico afán del hombre,   20
y esa fragante plenitud de la tierra
donde árboles colmados de primavera urgente
dan su luz o sus pomas a unos labios sedientos.

Mirad el vasto coro de las nubes,
alertas sobre el mar,   25
enardecidas reflejar el mensaje
de un sol de junio que abrasado convoca
a una sangre común con su luz despiadada.
Embebed en vuestra cabellera el rojo ardor de los
     besos inmensos
que se deshacen salpicados de brillos,   30
y destelle otra vez, y siempre, en vuestros ojos el
     verde piafador de las playas,
donde un galope oculto de mar rompe en espumas.
Besad la arena, acaso eco del sol, caliente a vino,
     a celeste mensaje,
licor de luz que en los labios chorrea
y trastorna en la ebria lucidez a las almas,   35
veladoras después en la noche de estrellas.

¡Ah! Amigos, arrojad lejos, sin mirar, los
     artefactos tristes,
tristes ropas, palabras, palos ciegos, metales,
y desnudos de majestad y pureza frente al grito del
     mundo,
lanzad el cuerpo al abismo de la mar, de la luz,   40
     de la dicha inviolada,
mientras el universo, ascua pura y final, se
     consume.

20 Expresión que declara el sentido amoroso del mundo poético aleixandrino: *amor, cósmico afán.*
25 *Alerto - ta.* Adjetivo: vigilante.
31 *Piafador.* Que piafa. Piafar: alzar el caballo alternativamente las
   manos, dejándolas caer con fuerza en el mismo sitio. Está en relación con el verso siguiente: *donde un galope.*
37 a 39 Desprecio de lo artificial para exaltar la naturaleza. (Versos
   señalados por Bousoño.)

4

LOS INMORTALES*

* Los "inmortales" son aquí siete: 1) Lluvia; 2) Sol; 3) Palabras;
4) Tierra; 5) Fuego; 6) Aire, y 7) Mar. Sin embargo, podemos
asociar 1) y 7) en Agua, y 2) y 5) en Fuego, con lo que tendre-
mos los cuatro elementos, entidades últimas que constituyen la realidad en muchos sistemas filosóficos. Agua, fuego, tierra y aire,
según Empédocles. Un quinto elemento, introducido por la filosofía de la Edad Media como "quintaesencia" (algo sutil e im-
palpable), está aquí representado por "La palabra" que es, según
el último verso del poema III, *amor* (en el concepto de fuerza
cósmica que Aleixandre le da).

I

LA LLUVIA*

La cintura no es rosa.
No es ave. No son plumas.
La cintura es la lluvia,
fragilidad, gemido
que a ti se entrega. Ciñe,   5
mortal, tú con tu brazo
un agua dulce, queja
de amor. Estrecha, estréchala.
Toda la lluvia un junco
parece. ¡Cómo ondula,   10
si hay viento, si hay tu brazo,
mortal que, hoy sí, la adoras!

II

EL SOL*

Leve, ingrávida apenas,
la sandalia. Pisadas

---

* Uno de los once poemas heptasílabos del libro.
1 Forma curiosa de extremar el sentido de levedad; *ingrávida* (leve)
apenas (casi no); esto es: casi no leve; menos, pues, que leve, o
ni siquiera leve. En las ediciones de P. C. y de O. C. se coloca
una coma después de *ingrávida,* pero creo mucho más acertada la
primera forma.

sin carne. Diosa sola,
demanda a un mundo planta
para su cuerpo, arriba   5
solar. No cabellera
digáis; cabello ardiente.
Decid sandalia, leve
pisada; decid sólo,
no tierra, grama dulce   10
que cruje a ese destello,
tan suave que la adora
cuando la pisa. ¡Oh, siente
tu luz, tu grave tacto
solar! Aquí, sintiéndote,   15
la tierra es cielo. Y brilla.

III

LA PALABRA*

La palabra fue un día
calor: un labio humano.
Era la luz como mañana joven; más: relámpago
en esta eternidad desnuda. Amaba
alguien. Sin antes ni después. Y el verbo   5
brotó. ¡Palabra sola y pura
por siempre —Amor— en el espacio bello!

6-7 *No cabellera / digáis...* Hipérbaton para reforzar la negación.
10 *Grama.* Planta herbácea de las gramíneas.

* 1 de julio de 1943.
  Este poema es, con "El aire", el más breve de todo el libro.
2 Exaltación de la palabra como expresión del sentimiento humano.
6 En la edición de 1967 figura, sin duda por error, *palabras* (en plural).

El aire

Aún más que el mar, el aire,
más inmenso que el mar, está tranquilo.
Alto velar de lucidez sin nadie.
Acaso la corteza pudo un día,
de la tierra, sentirte, humano. Invicto,
el aire ignora que habitó en
tu pecho.
Sin memoria, inmortal, el
aire esplende.

Vicente Aleixandre

El aire, autógrafo de Vicente Aleixandre.

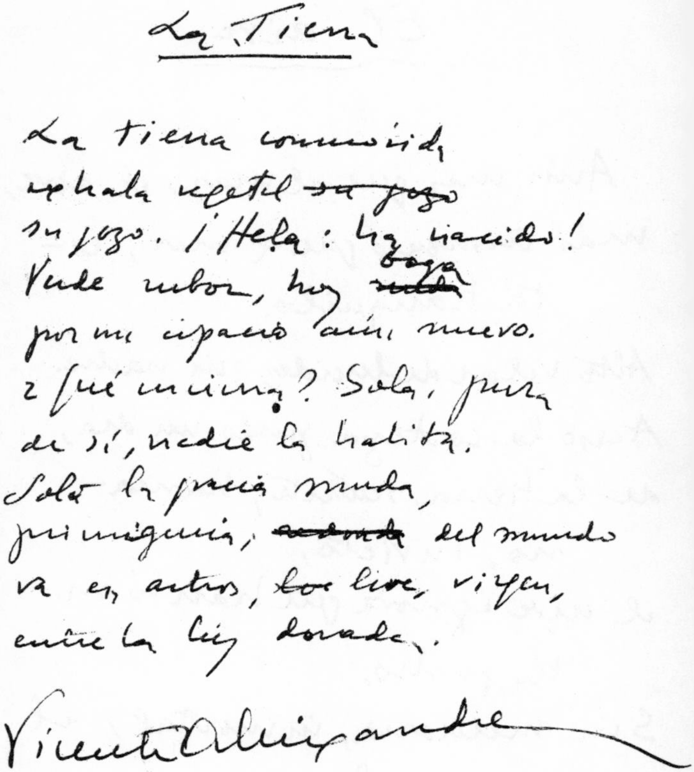

La Tierra

La tierra conmovida
exhala vegetal ~~su gozo~~
su gozo. ¡Helo: luz naciendo!
Verde rubor, hoy ~~[illegible]~~ boga
por un espacio aún nuevo.
¿Qué encierra? Sola, pura
de sí, nadie la habita.
Sólo la gracia muda,
primigenia, ~~[illegible]~~ del mundo
va en actitud, ~~los~~ libre, virgen,
entre la luz dorada.

Vicente Aleixandre

La tierra, autógrafo de Vicente Aleixandre.

IV

LA TIERRA*

La tierra conmovida
exhala vegetal
su gozo. ¡Hela: ha nacido!
Verde rubor, hoy boga
por un espacio aún nuevo.   5
¿Qué encierra? Sola, pura
de sí, nadie la habita.
Sólo la gracia muda,
primigenia, del mundo,
va en astros, leve, virgen,   10
entre la luz dorada.

V

EL FUEGO*

Todo el fuego suspende
la pasión. ¡Luz es sola!
Mirad cuán puro se alza
hasta lamer los cielos,
mientras las aves todas   5
por él vuelan. ¡No abrasa!
¿Y el hombre? Nunca. Libre
todavía de ti,
humano, está ese fuego.

---

* 3-7 junio 1943.
Poema paradisíaco.
Uno de los once poemas escrito en versos heptasílabos.
4 La expresión aparentemente absurda de *verde rubor* (siendo el rubor encarnado siempre) aúna la representación de la naturaleza (la
faz de la tierra) mediante el color verde, con la candidez (la tierra
virginal) que el ruborizarse simboliza. Porque la tierra es *pura
de sí* (versos 6-7).

* Poema paradisíaco.
Uno de los once de verso heptasílabo.

Luz es, luz inocente.	10
¡Humano: nunca nazcas!

VI

EL AIRE*

Aún más que el mar, el aire,
más inmenso que el mar, está tranquilo
Alto velar de lucidez sin nadie.
Acaso la corteza pudo un día,
de la tierra, sentirte, humano. Invicto,	5
el aire ignora que habitó en tu pecho.
Sin memoria, inmortal, el aire esplende.

VII

EL MAR*

¿Quién dijo acaso que la mar suspira,
labio de amor hacia las playas, triste?
Dejad que envuelta por la luz campee.
¡Gloria, gloria en la altura, y en la mar, el oro!
¡Ah soberana luz que envuelve, canta	5
la inmarcesible edad del mar gozante!
Allá, reverberando,
sin tiempo, el mar existe.
¡Un corazón de dios sin muerte, late!

11 Con esta exclamación imperativa se expresa la pureza primigenia
de la creación antes de la presencia del hombre, que la mancha.

* 1 de julio de 1943.
Poema paradisíaco.
Este poema es, con "La palabra", el más corto del libro.
Poema de medida silábica tradicional: un heptasílabo y seis en-
decasílabos.
7 *Esplender*. Resplandecer.

* 15 de julio de 1943.
Poema paradisíaco.
7 En las ediciones de P. C. y de O. C. se ha suprimido la coma final del verso.
Reverberar. Reflejarse la luz en un cuerpo bruñido.

5

A UNA MUCHACHA DESNUDA *

Cuán delicada muchacha,
tú que me miras con tus ojos oscuros.
Desde el borde de ese río, con las ondas por medio,
veo tu dibujo preciso sobre un verde armonioso.
No es el desnudo como llama que agostara la   5
   hierba,
o como brasa súbita que cenizas presagia,
sino que quieta, derramada, fresquísima,
eres tú primavera matinal que en un soplo llegase.

* 16 de agosto de 1943.
1-4 En los poemas amorosos de Aleixandre se da más de una vez este
   arranque, desde una contemplación estática. El cuerpo amado, o
   admirado, o deseado, tendido en un paisaje grato, casi siempre
   junto a un río, con el cual suele comparársele. Así lo encontramos
   en "Sierpe de amor", en "Diosa", en los versos 6 y 10 de "El
   desnudo", en los versos 42 y 43 de "Luna del paraíso". Así apa-
   recerá también en "Desterrado de tu cuerpo", un "Cuerpo de
   amor", en los versos 3 y 5 de "Cuerpo sin amor". Igualmente
   hemos podido verlo en los libros anteriores: *La destrucción o el
   amor* (poema "A ti, viva") y *Mundo a solas* (poema "Humano
   ardor"). Y lo veremos si leemos el libro siguiente: *Historia del
   corazón* (poema "Después del amor"). El propio poeta ha ex-
   plicado éste aspecto de sus poemas amorosos en el texto de "Dos
   poemas y un comentario", aparecido en la *Revista de Estudios
   Americanos,* Sevilla, 1951, recogido luego en el volumen de O. C.
   Por su parte, el crítico americano Simón Latino ha recordado, ante
   este tipo de imagen aleixandrina, una comparación afín de Kier-
   keggard en *Diario de un seductor* (Simón Latino, n.º 40 de sus
   "Cuadernillos de poesía", Ed. Nuestra América, Buenos Aires,
   septiembre 1959).
5 y 18 En las ediciones de 1947 y 1967 la palabra *hierba* aparece con
   su otra ortografía: *yerba.*

Imagen fresca de la primavera que blandamente
  se posa.
Un lecho de césped virgen recogido ha tu cuèrpo,   10
cuyos bordes descansan como un río aplacado.
Tendida estás, preciosa, y tu desnudo canta
suavemente oreado por las brisas de un valle.
Ah, musical muchacha que graciosamente ofrecida
te rehusas, allá en la orilla remota.   15
Median las ondas raudas que de ti me separan,
eterno deseo dulce, cuerpo, nudo de dicha,
que en la hierba reposas como un astro celeste.

DESTERRADO DE TU CUERPO

Ligera, graciosamente leve, aún me sonríes.
  ¿Besas?
De ti despierto, amada, de tus brazos me alzo
y veo como un río que en soledad se canta.
Hermoso cuerpo extenso, ¿me he mirado sólo en
  tus ondas,
o ha sido sangre mía la que en tus ondas llevas?   5

Pero de ti me alzo. De ti surto. ¿Era un nudo
de amor? ¿Era un silencio poseso? No lo sabremos
  nunca.
Mutilación me llamo. No tengo nombre; sólo
memoria soy quebrada de ti misma. Oh mi patria,
oh cuerpo de donde vivo desterrado,   10
oh tierra mía,
reclámame.
Súmame yo en tu seno feraz. Completo viva.
con un nombre, una sangre, que nuestra unión se
  llame.

6 Primera persona de singular del presente de indicativo del verbo
  surtir, segunda acepción: brotar el agua.
7 *Poseso*. Dícese de la persona poseída por un espíritu ajeno.
13 En la edición de 1967 dice: *súmame ya* por errata. Todas las demás ediciones mantienen la forma *súmame* yo, de la primera.
  Súmame: verbo *sumir*, hundir o meter debajo de la tierra o del
  agua. Todo el poema es un deseo de identificación del cuerpo con
  la tierra, y de la tierra con la amada.

EL PIE EN LA ARENA *

El pie desnudo. Sólo
su huella; sólo el leve
trasunto. Aquí el perfume
estuvo. ¡Quién pudiera
seguirte, aire que un día   5
arrebataste la última
sospecha de una carne!
Huella desnuda, intacta.
Plinto de mi deseo,
donde hoy se yergue entera   10
la irrenunciable estatua.

NOCHE CERRADA *

Ah triste, ah inmensamente triste
que en la noche oscurísima buscas ojos oscuros,
ve sólo el terciopelo de la sombra
donde resbalan leves las silenciosas aves.
Apenas si una pluma espectral rozará tu frente,   5
como un presagio del vacío inmediato.

---

* 27 septiembre 1943.
   Uno de los once poemas en heptasílabos.
   Un poema en cierto modo semejante, intensificando más su acento
humano, puede verse en el libro *En un vasto dominio,* con el título de "Pisada humana". Guarda también relación con "Forma"
de *Ámbito.*
1-2 En la edición de O. C., suprimido el acento de la palabra *sólo.*

* 17 de octubre de 1943.
1 Ejemplo de anáfora muy empleada por Aleixandre. En las ediciones de P. C. y de O. C. se coloca una coma después de la primera exclamación.
3 En la edición de O. C. se produce una vez más la desafortunada
   supresión del acento en la palabra *sólo.*
5 *Espectral.* Relativo al espectro de la luz (resultado de la disper-
   sión de un haz de luz) o al espectro o fantasma (visión que se
   representa a los ojos o en la fantasía). Parece probable que aquí
   se use este adjetivo en el sentido óptico.

Inmensamente triste tú miras la impenetrable
    sombra en que respiras.
Álzala con tu pecho penoso; un oleaje
de negror invencible, como columna altísima
gravita en el esclavo corazón oprimido.   10
Ah, cuán hermosas allá arriba en los cielos
sobre la columnaria noche arden las luces,
los libertados luceros que ligeros circulan,
mientras tú los sostienes con tu pequeño pecho,
donde un árbol de piedra nocturna te somete.   15

CUERPO DE AMOR

Volcado sobre ti,
volcado sobre tu imagen derramada bajo los altos
    álamos inocentes,
tu desnudez se ofrece como un río escapando,
espuma dulce de tu cuerpo crujiente,
frío y fuego de amor que en mis brazos salpica.   5

Por eso, si acerco mi boca a tu corriente
    prodigiosa,
si miro tu azul soledad, donde un cielo aún me
    teme,
veo una nube que arrebata mis besos
y huye y clama mi nombre, y en mis brazos se
    esfuma.

---

12 *Columnaria.* Probablemente el poeta emplea aquí este adjetivo ca-
   lificando a *noche,* en relación con la *columna de negror* vista en
   el verso 9, esto es: como sinónimo de *columnar,* formado por
   columnas.

1 a 4 Versos en relación con la nota al poema "A una muchacha desnuda".
 5 *Frío y fuego.* Oxímoron para la descripción del amor, en la línea
   clásica del tema (el Arcipreste, la Celestina, Rodrigo Cota, etc.)
   a la que Aleixandre se ha referido en el capítulo "La definición
   amorosa" de su Discurso de ingreso en la Academia: *Vida del
   poeta: el amor y la poesía.*

Por eso, si beso tu pecho solitario,   10
si al poner mis labios tristísimos sobre tu piel
    incendiada
siento en la mejilla el labio dulce del poniente
    apagándose,
oigo una voz que gime, un corazón brillando,
un bulto hermoso que en mi boca palpita,
seno de amor, rotunda morbidez de la tarde.   15

Sobre tu piel palabras o besos cubren, ciegan,
apagan su rosado resplandor erguidísimo,
y allí mis labios oscuros celan, hacen, dan noche,
avaramente ardientes: ¡pecho hermoso de
    estrellas!

Tu vientre níveo no teme el frío de esos primeros   20
    vientos,
helados, duros como manos ingratas,
que rozan y estremecen esa tibia magnolia,
pálida luz que en la noche fulgura.

Déjame así, sobre tu cuerpo libre,
bajo la luz castísima de la luna intocada,   25
aposentar los rayos de otra luz que te besa,
boca de amor que crepita en las sombras
y recorre tu virgen revelación de espuma.

Apenas río, apenas labio, apenas seda azul eres tú,
    margen dulce,
que te entregas riendo, amarilla en la noche,   30
mientras mi sombra finge el claroscuro de plata
de unas hojas felices que en la brisa cantasen.

20 *Níveo.* De nieve o que se parece a ella, por alguna de sus pro-
     piedades; en este caso, el color.
23 y 27 En el mismo poema, dos endecasílabos anapésticos.
25 Verso que recuerda el número 20 del poema "Casi me amabas",
     esto es: luna = castidad, por influencia del mito de Artemisa, la
     diosa virgen.

Abierta, penetrada de la noche, el silencio
de la tierra eres tú: ¡oh mía, como un mundo en
  los brazos!
No pronuncies mi nombre: brilla sólo en lo oscuro.   35
Y ámame, poseída de mí, cuerpo a cuerpo en la
  dicha,
beso puro que estela deja eterna en los aires.

CABELLERA NEGRA *

¿Por qué te miro, con tus ojos oscuros,
terciopelo viviente en que mi vida lastimo?
Cabello negro, luto donde entierro mi boca,
oleaje doloroso donde mueren mis besos,
orilla en fin donde mi voz al cabo se extingue y   5
  moja
tu majestad, oh cabellera que en una almohada
  derramada reinas.

En tu borde se rompen,
como en una playa oscura, mis deseos continuos.
¡Oh inundada: aún existes, sobrevives, imperas!
Toda tú victoriosa como un pico en los mares.   10

CUERPO SIN AMOR *

Pero no son tus ojos, tranquilos;
pero no serán nunca tus ojos los que yo ame.
Derribada, soberbia, centrada por el fuego nocturno
  de tus pupilas,
tú me contemplas, quieto río que un astro lunar frío
  devuelves.
Toda la noche hermosa sobre tu cuerpo brilla   5

---

* 30 de octubre de 1943.
3 Semejanza con los versos 47-48 del poema "Último amor".

* 17 de octubre de 1943.

y tú la escupes, oh superficie que un resplandor
gélido otorgas.
La noche se desliza sobre tu forma. (¡Ah frío del
mundo,
quién mirará tu quieto, tu sideral transcurso sobre
un cuerpo estrellado!)
No améis esa presencia que entre los verdes quietos
oscuramente pasa.
Cuerpo o río que helado hacia la mar se escurre,   10
donde nunca el humano beberá con su boca,
aunque un ojo caliente de su hermosura sufra.

EL PERFUME *

Chupar tu vida sobre tus labios,
no es quererte en la muerte.
Chupar tu vida, amante,
para que lenta mueras
de mí, de mí que mato.   5
Para agotar tu vida
como una rosa exhausta.
Color, olor: mis venas
saben a ti: allí te abres.
Ebriamente encendido,   10
tú me recorres. Toda,
toda mi sangre es sólo
perfume. Tú me habitas,
aroma arrebatado
que por mí te despliegas,   15
que como sangre corres
por mí: ¡que a mí me pueblas!

6 *Gélido.* Helado.
7 En las ediciones de P. C. y de O. C. se sitúa una coma después de
la exclamación *Ah.*
8 *Sideral.* Sidéreo, relativo a los astros.
10 Ejemplo de lo que Bousoño ha llamado "o" imaginativa, que hace
iguales a los dos elementos unidos.

* 23 de octubre de 1943.
12 En la edición de O. C., supresión del acento en *sólo.*

6

PADRE MÍO*

A mi hermana. **

Lejos estás, padre mío, allá en tu reino de las
   sombras.
Mira a tu hijo, oscuro en esta tiniebla huérfana,
lejos de la benévola luz de tus ojos continuos.
Allí nací, crecí; de aquella luz pura
tomé vida, y aquel fulgor sereno   5
se embebió en esta forma, que todavía despide,
como un eco apagado, tu luz resplandeciente.

Bajo la frente poderosa, mundo entero de vida,
mente completa que un humano alcanzara,
sentí la sombra que protegió mi infancia. Leve,   10
   leve,
resbaló así la niñez como alígero pie sobre una
   hierba noble,
y si besé a los pájaros, si pude posar mis labios
sobre tantas alas fugaces que una aurora empujara,
fue por ti, por tus benévolos ojos que presidieron
   mi nacimiento

---

* 21 de febrero de 1943.
  Poema paradisíaco.
  Cirilo Aleixandre Ballester. Nació en Valencia, en 1866. Murió en
  Madrid, el 9 de marzo de 1940. Ingeniero industrial. El poeta
  convivió siempre con él.
** Concepción Aleixandre y Merlo. Nacida en Sevilla, en 1900. Ter-
  cer hijo del matrimonio (otra niña, llamada Elvira, murió pronto).
  Ha convivido siempre con el poeta, en la casa familiar.
11, 30 y 45 En las ediciones de 1947, de P. P., y de 1967, aparece la
  palabra *hierba* escrita *yerba.*

y fueron como brazos que por encima de mi testa   15
  cernían
la luz, la luz tranquila, no heridora a mis ojos de
  niño.

Alto, padre, como una montaña que pudiera
  inclinarse,
que pudiera vencerse sobre mi propia frente
  descuidada
y besarme tan luminosamente, tan silenciosa y
  puramente
como la luz que pasa por las crestas radiantes   20
donde reina el azul de los cielos purísimos.

Por tu pecho bajaba una cascada luminosa de
  bondad, que tocaba
luego mi rostro y bañaba mi cuerpo aún infantil,
  que emergía
de tu fuerza tranquila como desnudo, reciente,
nacido cada día de ti, porque tú fuiste padre   25
diario, y cada día yo nací de tu pecho, exhalado
de tu amor, como acaso mensaje de tu seno
  purísimo.
Porque yo nací entero cada día, entero y tierno
  siempre,
y débil y gozoso cada día hollé naciendo
la hierba misma intacta: pisé leve, estrené brisas,   30
henchí también mi seno, y miré el mundo
y lo vi bueno. Bueno tú, padre mío, mundo mío,
  tú sólo.

17 y 43 Como en el poema "El poeta", se hacen en estos versos com-
  paraciones hiperbólicas de grandiosidad telúrica.
31-32 En esta frase: "miré el mundo / y lo vi bueno", cree ver
  Bousoño una influencia del Génesis. En realidad, lo que el poeta
  hace es asimilar el mundo todo al padre y aplicar a éste la bondad
  que, desde él y por él, se refleja en el mundo.
32 En la edición de O. C. se ha suprimido, con evidente riesgo de
  anfibología, el acento de la palabra *sólo*, según esa edición hace
  en todos los casos, indiscriminadamente.

Hasta la orilla del mar condujiste mi mano.
Benévolo y potente tú como un bosque en la orilla,
yo sentí mis espaldas guardadas contra el viento   35
    estrellado.
Pude sumergir mi cuerpo reciente cada aurora en
    la espuma,
y besar a la mar candorosa en el día,
siempre olvidada, siempre, de su noche de lutos.

Padre, tú me besaste con labios de azul sereno.
Limpios de nubes veía yo tus ojos,   40
aunque a veces un velo de tristeza eclipsaba a mi
    frente
esa luz que sin duda de los cielos tomabas.
Oh padre altísimo, oh tierno padre gigantesco
que así, en los brazos, desvalido, me hubiste.

Huérfano de ti, menudo como entonces, caído sobre   45
    una hierba triste,
heme hoy aquí, padre, sobre el mundo en tu
    ausencia,
mientras pienso en tu forma sagrada, habitadora
    acaso de una sombra amorosa,
por la que nunca, nunca tu corazón me olvida.

Oh padre mío, seguro estoy que en la tiniebla
    fuerte
tú vives y me amas. Que un vigor poderoso,   50
un latir, aún revienta en la tierra.
Y que unas ondas de pronto, desde un fondo,
    sacuden
a la tierra y la ondulan, y a mis pies se estremece.

Pero yo soy de carne todavía. Y mi vida
es de carne, padre, padre mío. Y aquí estoy,   55

33-38 La familia Aleixandre tenía una casa en la playa, en las cer-
canías de Málaga, y el poeta refleja en estos versos su experiencia
infantil, que dio también origen a varios pasajes de "Mar del
paraíso".

solo, sobre la tierra quieta, menudo como entonces,
   sin verte,
derribado sobre los inmensos brazos que
   horriblemente te imitan.

AL HOMBRE*

¿Por qué protestas, hijo de la luz,
humano que transitorio en la tierra,
redimes por un instante tu materia sin vida?
¿De dónde vienes, mortal que del barro has llegado
para un momento brillar y regresar después a tu
   apagada patria?   5
Si un soplo, arcilla finita, erige tu vacilante forma
y calidad de dios tomas en préstamo,
no, no desafíes cara a cara a ese sol poderoso que
   fulge
y compasivo te presta cabellera de fuego.
Por un soplo celeste redimido un instante,   10
alzas tu incandescencia temporal a los seres.
Hete aquí luminoso, juvenil, perennal a los aires.
Tu planta pisa el barro de que ya eres distinto.
¡Oh, cuán engañoso, hermoso humano que con
   testa de oro
el sol piadoso coronado ha tu frente!   15
¡Cuán soberbia tu masa corporal, diferente sobre
   la tierra madre,
que cual perla te brinda!
Mas mira, mira que hoy, ahora mismo, el sol
   declina tristemente en los montes.

---

* 7 de agosto de 1943.
    La fundamentación última de este poema, que es de raíz panteís-
  ta, ha encontrado luego, en cierto modo, un desarrollo en la primera parte del libro *En un vasto dominio* (pueden verse los poemas "Materia humana" y "Estar del cuerpo", de dicha parte).
4 En las ediciones de P. C. y de O. C. aparece una coma tras la
  palabra *mortal*.
6-7 En las ediciones de P. C. y de O. C. estos dos versos se han
  unido en uno solo.
12 *Perennal*. Perenne, continuo.

Míralo rematar ya de pálidas luces,
de tristes besos cenizosos de ocaso   20
tu frente oscura. Mira tu cuerpo extinto cómo
   acaba en la noche.
Regresa tú, mortal, humilde, pura arcilla apagada,
a tu certera patria que tu pie sometía.
He aquí la inmensa madre que de ti no es distinta.
Y, barro tú en el barro, totalmente perdura.   25

ADIÓS A LOS CAMPOS *

No he de volver, amados cerros, elevadas
   montañas,
gráciles ríos fugitivos que sin adiós os vais.
Desde esta suma de piedra temerosa diviso el valle.
Lejos el sol poniente, hermoso y robusto todavìa,
   colma de amarillo esplendor
la cañada tranquila.   5
Y allá remota la llanura dorada donde verdea
   siempre el inmarchito día,
muestra su plenitud sin fatiga bajo un cielo
   completo.

---

20 *Cenizoso.* Que tiene ceniza o está cubierto de ella. Se destingue de
  ceniciento porque este último indica sólo color de ceniza.

* 3 de julio de 1943
  Este poema no fue incluido por el autor en su selección de *Poe-*
  mas paradisíacos, que son aquellos que responden a mayor vin-
  culación con vivencias malagueñas. Sin embargo, en el prólogo
  de aquel volumen se habla de una geografía que fue "existencia
  del poeta, masa misma de su vivir", y en los versos 12 y 13 de
  este poema se declara: "Sangre de mi vivir que amasó vuestra
  piedra. / No soy distinto". Los versos 10 y 11 parecen hablar de
  un paisaje costero, divisado desde las alturas. No obstante, la
  indicada marginación a la hora de reunir los poemas malagueños,
  y las propias manifestaciones del poeta, hacen suponer este poema
  más bien relacionado con las alturas de la Sierra de Guadarrama,
  que tuvo que abandonar el poeta, enfermo, en plena guerra civil
  —extendida militarmente por aquellos lugares—, lo que justificaría
  tan desolada despedida. En esta segunda —y más exacta— localización, la visión de los versos 9 a 11 debe atribuirse a una retros-
  pección imaginativa hacia recuerdos de infancia, si que también
  al efecto óptico que produce la lontananza en panoramas abiertos.

¡Todo es hermoso y grande! El mundo está sin
  límites.
Y sólo mi ojo humano adivina allá lejos la linde,
  fugitiva
mas terca en sus espumas,   10
de un mar de día espléndido que de un fondo de
  nácares tornasolado irrumpe.

Erguido en esta cima, montañas repetidas, yo os
  contemplo, sangre de mi vivir que amasó vuestra
  piedra.
No soy distinto, y os amo. Inútilmente esas plumas
  de los ligeros vientos pertinaces,
alas de cóndor o, en lo bajo,
diminutas alillas de graciosos jilgueros,   15
brillan al sol con suavidad: la piedra
por mí tranquila os habla, mariposas sin duelo.
Por mí la hierba tiembla hacia la altura, más celeste
  que el ave.
Y todo ese gemido de la tierra, ese grito que siento
propagándose loco de su raíz al fuego   20
de mi cuerpo, ilumina los aires,
no con palabras: vida, vida, llama, tortura,
o gloria soberana que sin saberlo escupo.

Aquí en esta montaña, quieto como la nube,
como la torva nube que aborrasca mi frente,   25
o dulce como el pájaro que en mi pupila escapa,
miro el inmenso día que inmensamente cede.
Oigo un rumor de foscas tempestades remotas
y penetro y distingo el vuelo tenue, en truenos,
de unas alas de polvo transparente que brillan.   30

Para mis labios quiero la piel terrible y dura
de ti, encina tremenda que solitaria abarcas
un firmamento verde de resonantes hojas.

12-13 y 16-17 Expresiones de tipo panteísta, señaladas por Bousoño.
18 La palabra *hierba* adopta la ortografía *yerba* en las ediciones
   de 1947 y de 1967.
25 *Torvo, va.* Adjetivo. Horrible, fiero.
28 *Foscas.* Oscuras u hoscas.

Y aquí en mi boca quiero, pido amor, leve seda
de ti, rosa inviolada que como luz transcurres.   35

Sobre esta cima solitaria os miro,
campos que nunca volveréis por mis ojos.
Piedra de sol inmensa: entero mundo,
y el ruiseñor tan débil que en su borde lo hechiza.

DESTINO DE LA CARNE *

No, no es eso. No miro
del otro lado del horizonte un cielo.
No contemplo unos ojos tranquilos, poderosos,
que aquieten a las aguas feroces que aquí braman.
No miro esa cascada de luces que descienden   5
de una boca hasta un pecho, hasta unas manos
    blandas,
finitas, que a este mundo contienen, atesoran.

Por todas partes veo cuerpos desnudos, fieles
al cansancio del mundo. Carne fugaz que acaso
nació para ser chispa de luz, para abrasarse   10
de amor y ser la nada sin memoria, la hermosa
redondez de la luz.
Y que aquí está, aquí está, marchitamente eterna,
sucesiva, constante, siempre, siempre cansada.

Es inútil que un viento remoto, con forma vegetal,   15
    o una lengua,
lama despacio y largo su volumen, lo afile,
lo pula, lo acaricie, lo exalte.

* 5 de junio de 1942.
  Poema paradisíaco.
  El autor sostiene en su prólogo de *Poemas paradisíacos* que ha
  seleccionado para el mismo "la vertiente encendida del libro de
  Sombra del paraíso, evocación del paraíso...", y "...evitada queda,
  casi siempre, ... la vertiente dolorosa y sombría". Este poema
  —"Destino de la carne"— justifica el adverbio *casi* que hemos
  subrayado nosotros, pues parece estar más en la línea desolada y
  pesimista, en la de cansancio y desengaño.

Cuerpos humanos, rocas cansadas, grises bultos
que a la orilla del mar conciencia siempre
tenéis de que la vida no acaba, no, heredándose.   20
Cuerpos que mañana repetidos, infinitos, rodáis
como una espuma lenta, desengañada, siempre.
¡Siempre carne del hombre, sin luz! Siempre
   rodados
desde allá, de un océano sin origen que envía
ondas, ondas, espumas, cuerpos cansados, bordes   25
de un mar que no se acaba y que siempre jadea
   en sus orillas.

Todos, multiplicados, repetidos, sucesivos, amontonáis
   la carne,
la vida, sin esperanza, monótonamente iguales bajo
   los cielos hoscos que impasibles se heredan.
Sobre ese mar de cuerpos que aquí vierten sin
   tregua, que aquí rompen
redondamente y quedan mortales en las playas,   30
no se ve, no, ese rápido esquife, ágil velero
que con quilla de acero rasgue, sesgue,
abra sangre de luz y raudo escape
hacia el hondo horizonte, hacia el origen
último de la vida, al confín del océano eterno   35
que humanos desparrama
sus grises cuerpos. Hacia la luz, hacia esa escala
   ascendente de brillos
que de un pecho benigno hacia una boca sube,
hacia unos ojos grandes, totales que contemplan,
hacia unas manos mudas, finitas, que aprisionan,   40
donde cansados siempre, vitales, aún nacemos.

---

26 *Jadea.* Verbo jadear. Respirar anhelosamente por efecto del cansancio.
31 *Esquife.* Barco pequeño que se lleva en el navío para saltar a
   tierra.
32 *Sesgue.* Del verbo sesgar: cortar o partir en sesgo = cortado obli-
   cuamente.
34-35 Expresión semejante (*origen último*) a la conocida de *nacimieno
   último.*

Velingtonia, 3. La casa del poeta V. Aleixandre,
en Madrid, desde 1927. A la puerta, Aleixandre con
Leopoldo de Luis (1974).

Vicente Aleixandre, en el Congreso de Poesía de Segovia,
el año 1952. A su derecha: José Suárez Carreño y José
Hierro. A su izquierda: Fernando Gutiérrez y Leopoldo
de Luis. Detrás, de izquierda a derecha de la fotografía,
Ricardo Gullón, José M.ª Alonso Gamo y Carlos Bousoño.

CIUDAD DEL PARAÍSO *

Siempre te ven mis ojos, ciudad de mis días
marinos.
Colgada del imponente monte, apenas detenida
en tu vertical caída a las ondas azules,
pareces reinar bajo el cielo, sobre las aguas,
intermedia en los aires, como si una mano dichosa   5
te hubiera retenido, un momento de gloria, antes
de hundirte para siempre en las olas amantes.

Pero tú duras, nunca desciendes, y el mar suspira
o brama, por ti, ciudad de mis días alegres,
ciudad madre y blanquísima donde viví, y
recuerdo,
angélica ciudad que, más alta que el mar, presides   10
sus espumas.

Calles apenas, leves, musicales. Jardines
donde flores tropicales elevan sus juveniles palmas
gruesas.
Palmas de luz que sobre las cabezas, aladas,
mecen el brillo de la brisa y suspenden
por un instante labios celestiales que cruzan   15

* 27 de febrero de 1943.
 Poema paradisíaco.
 Uno de los más reproducidos del libro y, por supuesto, el que más
 evidencia . los recuerdos infantiles del poeta, sus huellas autobio-
 gráficas y su localización.
 A partir de la edición de P. C. (1960), aparece al frente de este
 poema la dedicatoria (ya plenamente identificadora) "A mi ciudad
 de Málaga", que Aleixandre no había empleado antes nunca, ni
 siquiera en el volumen de P. P. (1952). Véase sobre esto la nota
 al pie del poema "El poeta".
 Tomando como motivo principal este poema, por sugerencia del
 poeta Rafael León, un grupo de escritores y artistas malagueños
 propició, el 22 de julio de 1960, la colocación de una placa con-
 memorativa en la casa donde vivió el poeta, número 6 de la actual
 calle de Córdoba, antes Alameda de Carlos Haes.
2 En la primera edición apareció una equivocación (subsanada por
 "Fe de erratas" en hoja aneja), por la que aparece la palabra *im-
 potente,* en lugar de *imponente.*

con destino a las islas remotísimas, mágicas,
que allá en el azul índigo, libertadas, navegan.

Allí también viví, allí, ciudad graciosa, ciudad
    honda.
Allí, donde los jóvenes resbalan sobre la piedra
    amable,
y donde las rutilantes paredes besan siempre   20
a quienes siempre cruzan, hervidores, en brillos.

Allí fui conducido por una mano materna.
Acaso de una reja florida una guitarra triste
cantaba la súbita canción suspendida en el tiempo;
quieta la noche, más quieto el amante,   25
bajo la luna eterna que instantánea transcurre.

Un soplo de eternidad pudo destruirte,
ciudad prodigiosa, momento que en la mente de
    un Dios emergiste.
Los hombres por un sueño vivieron, no vivieron,
eternamente fúlgidos como un soplo divino.   30

Jardines, flores. Mar alentando como un brazo
    que anhela
a la ciudad voladora entre monte y abismo,
blanca en los aires, con calidad de pájaro suspenso
que nunca arriba. ¡Oh ciudad no en la tierra!

Por aquella mano materna fui llevado ligero   35
por tus calles ingrávidas. Pie desnudo en el día.
Pie desnudo en la noche. Luna grande. Sol puro.
Allí el cielo eras tú, ciudad que en él morabas.
Ciudad que en él volabas con tus alas abiertas.

16-17 Semejanza con el poema "La isla".
34 *Nunca arriba*. Del verbo *arribar*: llegar. Nunca llega.
    Este poema se publicó por primera vez en la revista *Escorial*, cua-
    derno 39, Madrid, enero 1944.

HIJOS DE LOS CAMPOS *

Vosotros los que consumís vuestras horas
en el trabajo gozoso y amor tranquilo pedís al
mundo,
día a día gastáis vuestras fuerzas, y la noche
benévola
os vela nutricia, y en el alba otra vez brotáis
enteros.

Verdes fértiles. Hijos vuestros, menudas sombras   5
humanas: cadenas
que desde vuestra limitada existencia arrojáis
—acaso puros y desnudos en el borde de un monte
invisible— al mañana.
¡Oh ignorantes, sabios del vivir, que como hijos
del sol pobláis el día!

Musculares, vegetales, pesados como el roble,
tenaces como el arado que vuestra mano
conduce,
arañáis a la tierra, no cruel, amorosa, que allí en   10
su delicada piel os sustenta.
Y en vuestra frente tenéis la huella intensa y cruda
del beso diario
del sol, que día a día os madura, hasta haceros
oscuros y dulces
como la tierra misma, en la que, ya colmados, una
noche, uniforme vuestro cuerpo tendéis.

---

* 26 abril de 1943.
Poema paradisíaco. Apareció por primera vez en la revista *Escorial*, número de enero de 1944.
4 Las ediciones de P. C. y de O. C., suprimen la coma que figura
en la tercera palabra de este verso.
8 La elocución "hijos del sol", en singular, da título a un poema
precedente.
13 Alusión a la muerte. En las ediciones de P. C. y de O. C. se
suprime la coma después de la palabra *noche,* lo que me parece
acertado.

Yo os veo como la verdad más profunda,
modestos y únicos habitantes del mundo,   15
última expresión de la noble corteza,
por la que todavía la tierra puede hablar con
    palabras.

Contra el monte que un lujo primaveral hoy lanza,
    cubriéndose de temporal alegría,
destaca el ocre áspero de vuestro cuerpo cierto,
oh permanentes hijos de la tierra crasa,   20
donde lentos os movéis, seguros como la roca
    misma de la gleba.

Dejad que, también, un hijo de la espuma que bate
    el tranquilo espesor del mundo firme,
pase por vuestro lado, ligero como ese río
que nace de la nieve instantánea y va a morir
    al mar,
al mar perpetuo, padre de vida, muerte sola   25
que esta espumeante voz sin figura cierta espera.

¡Oh destino sagrado! Acaso todavía
el río atraviese ciudades solas,
o ciudades pobladas. Aldeas laboriosas,
o vacíos fantasmas de habitaciones muertas: 30
tierra, tierra por siempre.

Pero vosotros sois, continuos,
esa certeza única de unos ojos fugaces.

17 Este verso se deslizó con una errata en la primera edición. Decía:
"...la tierra *pueda* hablar...", cuando debe ser: *Puede hablar*. Se
subsanó en la hoja aneja de "Fe de erratas" y aparece corregido
en las ediciones siguientes.
20 En el prólogo al volumen de P. P. el autor declara que, en este
poema, ve a los "labriegos de aquellos montes" (los de la co-
marca malagueña) "como expresión legítima de la tierra crasa".
20 *Craso - sa*. Segunda acepción: denso, espeso.
25 El mar como "padre de vida", recuerda la idea de Tales de Mileto
y de la filosofía jónica. Hay varias muestras de la influencia de
los presocráticos en la poesía de Aleixandre. Ya se ha señalado
al anotar los poemas de "Los inmortales" y, por otra parte, he
tenido ocasión de relacionar su idea de amor-destrucción con la
de Empédocles amor-odio como motor del mundo. (Véase mi libro, ya citado, sobre el poeta.)

ÚLTIMO AMOR*

¿Quién eres, dime? ¿Amarga sombra
o imagen de la luz? ¿Brilla en tus ojos
una espada nocturna,
cuchilla temerosa donde está mi destino,
o miro dulce en tu mirada el claro   5
azul del agua en las montañas puras,
lago feliz sin nubes en el seno
que un águila solar copia extendida?

¿Quién eres, quién? Te amé, te amé naciendo.
Para tu lumbre estoy, para ti vivo.   10
Miro tu frente sosegada, excelsa.
Abre tus ojos, dame, dame vida.
Sorba en su llama tenebrosa el sino
que me devora, el hambre de tus venas.
Sorba su fuego derretido y sufra,   15
sufra por ti, por tu carbón prendiéndome.
Sólo soy tuyo si en mis venas corre
tu lumbre sola, si en mis pulsos late
un ascua, otra ascua: sucesión de besos.
Amor, amor, tu ciega pesadumbre,   20
tu fulgurante gloria me destruye,
lucero solo, cuerpo inscrito arriba,
que ardiendo puro se consume a solas.

---

* 5 de noviembre de 1940.
  Poema versificado casi uniformemente en endecasílabos.
7 Las ediciones de 1947 y de 1967, colocan una coma al final de
  este verso.
11 En este verso se dio la tercera errata de la 1.ª edición, única que
  no fue subsanada en la hoja aneja. Decía *sasegada* y no *sosegada*
  como, correctamente, han insertado todas las ediciones posteriores.
15-16, 41-42 y 56-57 Tres muestras de anadiplosis. El 41 comienza con
  erotema. En cuanto al 16, véase también la nota al verso n.º 7
  del poema "Hijo del sol".
21 Reiterada idea del amor como destrucción.
22 *Inscrito arriba*. La frase repite la del verso 12 del poema "No
  estrella". *Arriba*: adverbio de lugar.

Pero besarte, niña mía, ¿es muerte?
¿Es sólo muerte tu mirada? ¿Es ángel,   25
o es una espada larga que me clava
contra los cielos, mientras fuljo sangres
y acabo en luz, en titilante estrella?

Niña de amor, tus rayos inocentes,
tu pelo terso, tus paganos brillos,   30
tu carne dulce que a mi lado vive,
no sé, no sé, no sabré nunca, nunca,
si es sólo amor, si es crimen, si es mi muerte.

Golfo sombrío, vórtice, te supe,
te supe siempre. En lágrimas te beso,   35
paloma niña, cándida tibieza,
pluma feliz: tus ojos me aseguran
que el cielo sigue azul, que existe el agua,
y en tus labios la pura luz crepita
toda contra mi boca amaneciendo.   40

¿Entonces? Hoy, frente a tus ojos miro,
miro mi enigma. Acerco ahora a tus labios
estos labios pasados por el mundo,
y temo, y sufro y beso. Tibios se abren
los tuyos, y su brillo sabe a soles   45
jóvenes, a reciente luz, a auroras.

¿Entonces? Negro brilla aquí tu pelo,
onda de noche. En él hundo mi boca.

25 a 28 Las ediciones de 1944, 1947 y 1967 abren la interrogación en
  ¿Es ángel, y la cierran en *titilante estrella?* La edición de O. C.
  abre y cierra la interrogación en *¿Es ángel?* para abrir otra al
  principio del verso 26 que se cierra al final del 28. En la edición de P. C. ya se intentó hacer esto último, pero se omitió
  la interrogación al comienzo del verso 26.
27 *Fuljo*, de fulgir, resplandecer. Sin embargo, fulgir es verbo intransitivo, por lo que la expresión "fuljo sangres" hay que en-
  tenderla como síntesis poética de "me fulge la sangre".
32 La anáfora, tan empleada por Aleixandre, llena completamente
  este verso.
34 *Vórtice*. Remolino, centro de un ciclón.
44 Frente al asíndeton de otros ejemplos, se da en este verso muestra de polisíndeton.
47 y 48 Semejanzas con el verso 3 del poema "Cabellera negra".

¡Qué sabor a tristeza, qué presagio
infinito de soledad! Lo sé: algún día   50
estaré solo. Su perfume embriaga
de sombría certeza, lumbre pura,
tenebrosa belleza inmarcesible,
noche cerrada y tensa en que mis labios
fulgen como una luna ensangrentada.   55

¡Pero no importa! Gire el mundo y dame,
dame tu amor, y muera yo en la ciencia
fútil, mientras besándote rodamos
por el espacio y una estrella se alza.

AL CIELO*

El puro azul ennoblece
mi corazón. Sólo tú, ámbito altísimo
inaccesible a mis labios, das paz y calma plenas
al agitado corazón con que estos años vivo.
Reciente la historia de mi juventud, alegre todavía   5
y dolorosa ya, mi sangre se agita, recorre su cárcel
y, roja de oscura hermosura, asalta el muro
débil del pecho, pidiendo tu vista,
cielo feliz que en la mañana rutilas,
que asciendes entero y majestuoso presides   10
mi frente clara, donde mis ojos te besan.
Luego declinas, oh sereno, oh puro don de la
   altura,
cielo intocable que siempre me pides, sin cansancio,
   mis besos,
como de cada mortal, virginal, solicitas.
Sólo por ti mi frente pervive al sucio embate de   15
   la sangre.

---

* 16 de febrero de 1943.
  Poema paradisíaco.
4 Señalamiento de época, puesto que el poeta ha de referirse al
  momento de redactar el poema.

Interiormente combatido de la presencia dolorida
   y feroz,
recuerdo impío de tanto amor y de tanta belleza,
una larga espada tendida como sangre recorre
mis venas, y sólo tú, cielo agreste, intocado,
das calma a este acero sin tregua que me yergue   20
   en el mundo.

Baja, baja dulce para mí y da paz a mi vida.
Hazte blando a mi frente como una mano tangible
y oiga yo como un trueno que sea dulce una voz
que, azul, sin celajes, clame largamente en mi
   cabellera.
Hundido en ti, besado del azul poderoso y materno,   25
mis labios sumidos en tu celeste luz apurada
sientan tu roce meridiano, y mis ojos
ebrios de tu estelar pensamiento te amen,
mientras así peinado suavemente por el soplo de
   los astros,
mis oídos escuchan al único amor que no muere.   30

LA ISLA *

Isla gozosa que lentamente posada
sobre la mar instable
navegas silenciosa por un mundo ofrecido.

19 *Agreste*. Este adjetivo no puede tener aquí más que su primera
   acepción: campesino o perteneciente al campo, con lo que cobra
   una importancia extraordinaria para la interpretación del poema,
   a mi juicio.
   Véase, sobre estas dos anotaciones, cuanto se dice del aspecto
   temporal y de la supuesta valoración religiosa del poema, en las
   páginas del estudio prologal.
   Este poema se publicó por primera vez en la revista *Escorial,* cuaderno n.º 39, Madrid, enero de 1944.

 * 18 de noviembre de 1943.
   Poema paradisíaco.
   El poema es como el desarrollo de los versos 16 y 17 de "Ciudad
   del paraíso".
 2 *Instable*. Adjetivo: inestable, no estable; no constante, incons-
   tante.

En tu seno me llevas, ¿rumbo al amor? No hay
    sombras.
¿En qué entrevista playa un fantasma querido   5
me espera siempre a solas, tenaz, tenaz, sin dueño?
Olas sin paz que eternamente jóvenes
aquí rodáis hasta mis pies intactos.
Miradme vuestro, mientras gritáis hermosas
con espumosa lengua que eterna resucita.   10
Yo os amo. Allá una vela no es un suspiro leve.
Oh, no mintáis, dejadme en vuestros gozos.
Alzad un cuerpo riente, una amenaza
de amor, que se deshaga rompiente entre mis
    brazos.
Cantad tendidamente sobre la arena vívida   15
y ofrezca el sol su duro beso ardiente
sobre los cuerpos jóvenes, continuos, derramados.

Mi cuerpo está desnudo entre desnudos. Grito
con vuestra desnudez no humana entre mis labios.
Recorra yo la espuma con insaciable boca,   20
mientras las rocas duran, hermosas allá al fondo.
No son barcos humanos los humos pensativos
que una sospecha triste del hombre allá descubren.
¡Oh, no!: ¡el cielo te acepta, trazo ligero y bueno
que un ave nunca herida sobre el azul dejara!   25

Fantasma, dueño mío, si un viento hinche tus
    sábanas,
tu nube en la rompiente febril, sabe que existen
cuerpos de amor que eternos irrumpen, se
    deshacen...,
acaban, resucitan. Yo canto con sus lenguas.

7-8 Recuerda vagamente el comienzo de la Rima III, de Bécquer.
28-29 En las ediciones siguientes, se colocan los puntos suspensivos
    después de las palabras *irrumpen* y *acaban*, salvo en la P. P., que
    respeta la forma de la primera.

NO BASTA*

Pero no basta, no, no basta
la luz del sol, ni su cálido aliento.
No basta el misterio oscuro de una mirada.
Apenas bastó un día el rumoroso fuego de los
   bosques.
Supe del mar. Pero tampoco basta.   5

En medio de la vida, al filo de las mismas estrellas,
mordientes, siempre dulces en sus bordes inquietos,
sentí iluminarse mi frente.
No era tristeza, no. Triste es el mundo;
pero la inmensa alegría invasora del universo   10
reinó también en los pálidos días.

No era tristeza. Un mensaje remoto
de una invisible luz modulaba unos labios
aéreamente, sobre pálidas ondas,
ondas de un mar intangible a mis manos.   15

Una nube con peso, nube cargada acaso de
   pensamiento estelar,
se detenía sobre las aguas, pasajera en la tierra,
quizá envío celeste de universos lejanos
que un momento detiene su paso por el éter.

Yo vi dibujarse una frente,   20
frente divina: hendida de una arruga luminosa,
atravesó un instante preñada de un pensamiento
   sombrío.
Vi por ella cruzar un relámpago morado, vi unos
   ojos
cargados de infinita pesadumbre brillar,

---

* 29 de noviembre de 1940.
6 Leve reminiscencia del primer verso de *La Divina Comedia.*
13 *Modulaba.* Del verbo modular: dar a la voz las inflexiones con-
   venientes para la expresión de los afectos.

y vi a la nube alejarse, densa, oscura, cerrada,   25
silenciosa, hacia el meditabundo ocaso sin barreras.

El cielo alto quedó como vacío.
Mi grito resonó en la oquedad sin bóveda
y se perdió, como mi pensamiento que voló
    deshaciéndose,
como un llanto hacia arriba, al vacío desolador,   30
    al hueco.

Sobre la tierra mi bulto cayó. Los cielos eran
sólo conciencia mía, soledad absoluta.
Un vacío de Dios sentí sobre mi carne,
y sin mirar arriba, nunca, nunca, hundí mi frente
    en la arena
y besé sólo a la tierra, a la oscura, sola,   35
desesperada tierra que me acogía.

Así sollocé sobre el mundo.
¿Qué luz lívida, qué espectral vacío velador,
qué ausencia de Dios sobre mi cabeza derribada
vigilaba sin límites mi cuerpo convulso?   40
¡Oh madre, madre, sólo en tus brazos siento
mi miseria! Sólo en tu seno martirizado por mi
    llanto
rindo mi bulto, sólo en ti me deshago.

Estos límites que me oprimen,
esta arcilla que de la mar naciera,   45
que aquí quedó en tus playas,
hija tuya, obra tuya, luz tuya,
extinguida te pide su confusión gloriosa,
te pide sólo a ti, madre inviolada,
madre mía de tinieblas calientes,   50

---

33 Hernán Galilea (libro citado) aproxima este verso a las ideas
   heideggeriana y sartriana de la "ausencia de Dios".
35, 41, 42, 43 y 51 La palabra *sólo* aparece sin acento en la edición
   de O. C.
38 *Lívido.* Amoratado.

seno sólo donde el vacío reina,
mi amor, mi amor, hecho ya tú, hecho tú sólo.

Todavía quisiera, madre,
con mi cabeza apoyada en tu regazo,
volver mi frente hacia el cielo   55
y mirar hacia arriba, hacia la luz, hacia la luz pura,
y sintiendo tu calor, echado dulcemente sobre tu
    falda,
contemplar el azul, la esperanza risueña,
la promesa de Dios, la presentida frente amorosa.
¡Qué bien desde ti, sobre tu caliente carne   60
    robusta,
mirar las ondas puras de la divinidad
    bienhechora!
¡Ver la luz amanecer por oriente, y entre la
    aborrascada nube preñada
contemplar un instante la purísima frente divina
    destellar,
y esos inmensos ojos bienhechores
donde el mundo alzado quiere entero copiarse   65
y mecerse en un vaivén de mar, de estelar mar
    entero,
compendiador de estrellas, de luceros, de soles,
mientras suena la música universal, hecha ya frente
    pura,
radioso amor, luz bella, felicidad sin bordes!

Así, madre querida,   70
tú puedes saber bien —lo sabes, siento tu beso
    secreto de sabiduría—
que el mar no baste, que no basten los bosques,
que una mirada oscura llena de humano misterio,

---

68 Recuerda a la "no perecedera / música, que es de todas la primera", de Fray Luis de León, y su huella pitagórica de la armonía
   de las esferas. La ascendencia de la poesía frayluisiana en la obra
   de Aleixandre ha sido estudiada por Vicente Gaos (ensayo en la
   revista *Papeles de Son Armadans*) aunque no hace referencia a
   estos versos.

no baste; que no baste, madre, el amor,
como no baste el mundo.   75

Madre, madre, sobre tu seno hermoso
echado tiernamente, déjame así decirte
mi secreto; mira mi lágrima
besarte; madre que todavía me sustentas,
madre cuya profunda sabiduría me sostiene   80
  ofrecido.

APÉNDICE

Vicente Aleixandre

POEMAS
PARADISIACOS

EL ARROYO DE LOS ANGELES
MÁLAGA, 1952

CINCO POEMAS PARADISÍACOS

En 1953, al publicar Vicente Aleixandre su libro *Nacimiento último,* aclaraba que, frente a los libros desarrollados "alrededor de un tema central, adquiriendo por trabado crecimiento la contextura y el límite de un verdadero organismo cerrado", hay otros que pueden "de tarde en tarde recoger algunos (. . .) más breves organismos e integrarlos". De esta suerte, el volumen incluye las series de poemas "Nacimiento último" y "Retratos y dedicatorias", los poemas "La cogida", "Elegía", "Al sueño" y "El poeta niño", así como "Cinco poemas paradisíacos". De ellos dice expresamente el poeta:

> Conjunto manifestador de algunos poemas escritos sin solución de continuidad con *Sombra del paraíso,* todavía en su ámbito, pero cuando tal libro ya se imprimía, y sin que alcanzaran a incorporarse a su rúbrica.

Queda, pues, bien claro que el autor estima estos cinco poemas como identificados con los de *Sombra del paraíso,* aunque, por no haber entrado en la primera edición, no haya decidido llevarlos luego a las siguientes. La crítica del momento, opinó igual: un nombre prestigioso como el de Melchor Fernández Almagro, escribía: "Los 'Cinco poemas paradisíacos', por toda suerte de razones, deben ser incorporados a *Sombra del paraíso*".[1]

Nosotros, a fin de completar el ciclo del libro objeto de esta edición, los incluimos como Apéndice.

JUNIO DEL PARAÍSO

A José Suárez Carreño. *

Sois los mismos que cantasteis
cogidos de la mano, hombres alegres, niños,
   mujeres hermosas, leves muchachas.
Los mismos que en el mediodía de Junio,
dorada plenitud de una primavera estallada,
corristeis, arrasasteis de vuestra hermosura los   5
   silenciosos prados,
los festivales bosques
y las umbrías florestas donde el sol se aplastaba
   con un frenético beso prematuro de estío.

Toda la superficie del planeta se henchía
precisamente allí bajo vuestras plantas desnudas.
Hombres plenos, muchachas de insinuado escorzo   10
   lúcido, niños como vilanos leves,
mujeres cuya hermosa rotundidad solar
pesaba gravemente sobre la tarde augusta.

Las muchachas más jóvenes, bajo las hojas de los
   álamos agitados,
sentían la plata vegetal como risa impaciente,

---

1 En el diario *ABC*, de Madrid, número del 12 de julio de 1953.

* José Suárez Carreño. Escritor español, nacido en Guadalupe (Méjico) el año 1915. Trasladado a España, obtuvo, como poeta, el Premio Adonais —compartido— en 1943. También ha obtenido, como novelista, el Premio Nadal y, como autor dramático, el Premio Lope de Vega.

14 En las ediciones de P. C. y de O. C. dice *planta*, en lugar de *plata*. Se trata de una equivocación. *Plata* se refiere al color de las hojas de los álamos.

ramas gayas y frescas de un amor que oreaba   15
su ternura a la brisa de los ríos cantantes.

Los niños, oro rubio, creciente hacia el puro carmín
   de la aurora,
tendían sus brazos a los primeros rayos solares.
Y unos pájaros leves instantáneos brotaban,
hacia el aire hechizado, desde sus manos tiernas.   20

¡Inocencia del día! Cuerpos robustos, cálidos,
se amaban plenamente bajo los cielos libres.
Todo el azul vibraba de estremecida espuma
y la tierra se alzaba con esperanza hermosa.

El mar... No es que naciese el mar. Intacto,   25
   eterno,
el mar sólo era el mar. Cada mañana, estaba.
Hijo del mar, el mundo nacía siempre arrojado
nocturnamente de su brillante espuma.

Ebrios de luz los seres mojaban sus pies
en aquel hirviente resplandor, y sentían sus cuerpos 30
destellar,
y tendidos se amaban sobre las playas vívidas.

Hasta la orilla misma descendían los tigres,
que llevaban en su pupila el fuego elástico de los
   bosques,
y con su lengua bebían luz, y su larga cola   35
   arrastraba
sobre un pecho desnudo de mujer que dormía.

---

15 *Gayas.* Alegres, agradables a la vista.
26 En la edición de O. C., *sólo* aparece sin acento.
27 La idea del "mundo hijo del mar" se corresponde con la del
   verso 25 del poema "Hijos de los campos", ya comentado.

Esa corza esbeltísima sobre la que todavía ninguna
    mano puso su amor tranquilo,
miraba el mar, radiosa de estremecidas fugas,
y de un salto se deshacía en la blanda floresta,
y en el aire había sólo un bramido de dicha.   40

Si brotaba la noche, los hombres, sobre las lomas
    estremecidas
bajo el súbito beso lunar, derramaban sus cuerpos
y alzaban a los cielos sus encendidos brazos,
hijos también de la dulce sorpresa.

Vosotras, trémulas apariencias del amor, mujeres   45
    lúcidas,
que brillabais amontonadas bajo la suave lumbre,
embriagabais a la tierra con vuestra carne
    agolpada,
cúmulo del amor, muda pirámide de temblor hacia
    el cielo.

¿Qué rayo súbito, qué grito celeste descendía a la
    tierra
desde los cielos mágicos, donde un brazo desnudo   50
ceñía repentino vuestras cinturas ardientes,
mientras el mundo se deshacía como en un beso
    del amor, entregándose?

El nacimiento de la aurora era el imperio del niño.
Su pura mano extendía sagradamente su palma
y allí todo el fuego nocturno se vertía en sosiego,   55
en fervor, en mudas luces límpidas
de otros labios rientes que la vida aclarasen.

37 *Corza*. Al igual que *venado* y que *gacela*, la *corza* (hembra del
   corzo; rumiante algo mayor que la cabra, con cuernas pequeñas y
   ahorquilladas) es animal propio del léxico de la poesía mística,
   aunque en la obra de Aleixandre aparece con una ráfaga de ero-
   tismo y, paradójicamente, de pureza.
41 En la edición de O. C. aparece, por error, un punto al final del
   verso.
52 En las ediciones de P. C. y de O. C. se suprime la coma después
   de la palabra *amor*.

Todavía os contemplo, hálito permanente de la
    tierra bellísima,
os diviso en el aliento de las muchachas fugaces,
en el brillo menudo de los inocentes bucles ligeros   60
y en la sombra tangible de las mujeres que aman
    como montes tranquilos.

Y puedo tocar la invicta onda, brillo inestable de
    un eterno pie fugitivo,
y acercar mis labios pasados por la vida
y sentir el fuego sin edad de lo que nunca naciera,
a cuya orilla vida y muerte son un beso, una   65
    espuma.

PRIMERA APARICIÓN

Allí surtiendo de lo oscuro,
rompiendo de lo oscuro,
serena, pero casi cruel, como una leve diosa
    recobrada,
hete aquí que ella emerge, sagradamente su
    ademán extendiendo,
para que la luz del día, la ya gozosa luz que la   5
    asalta,
se vierta doradamente viva sobre su palma núbil.

¿Es la sombra o la luz lo que su luciente cabello
arroja a los hombres, cuando cruza mortal un
    instante.
como un íntimo favor que la vida dejara?

¿O es sólo su graciosa cintura, donde la luz se   10
    acumula,

3 Recuérdese lo dicho en poemas anteriores sobre la atribución de
la condición de *diosa* al cuerpo femenino amado o admirado, en
los poemas eróticos de *Sombra del paraíso*.
6 *Núbil*. En edad de amar sexualmente.

se agolpa, se enreda como la largamente
    desterrada
que, devuelta a su reino, jubilar se amontona?

No sé si es ella o su sueño. Pájaros inocentes
todavía se escapan de sus crespos cabellos,
prolongando ese mundo sin edad de que emerge,   15
chorreando de sus luces secretas, sonriente,
    clemente,
bajo ese cielo propio que su frente imitase.

Oh tú, delicada muchacha que desnuda en el día,
que vestida en el día de las luces primeras,
detuviste un momento tu graciosa figura   20
para mirarme largo como un viento encendido
que al pasar arrastrase dulcemente mi vida.

Si pasaste te quedas. Hoy te veo. Tú pasas.
Tú te alejas. Tú quedas... Como luz en los labios.
Como fiel resplandor en los labios. Miradme.   25
Otros brillos me duran en la voz que ahora canta.

BAJO LA LUZ PRIMERA *

A Leopoldo de Luis.

Porque naciste en la aurora
y porque con tu mano mortal acariciaste
    suavemente la tenaz piel del tigre,
y porque no sabes si las aves cruzan hoy por los
    cielos o vuelan solamente en el azul de tus
    ojos,
tú, no más ligero que el aire,
pero tan fugaz en la tierra,   5

---

* Se publicó por primera vez en la revista *Proel*, n.º 18. Santander, septiembre 1945. Indicando: "Inédito de *Sombra del paraíso*".

naces, mortal, y miras
y entre solares luces pisando hacia un soto
   desciendes.

Aposentado estás en el valle. Dichoso
miras la casi imagen de ti que, más blanda,
   encontraste.
Ámala prontamente. Todo el azul es suyo,   10
cuando en sus ojos brilla el envío dorado
de un sol de amor que vuela con alas en el fondo
de sus pupilas. Bebe, bebe amor. ¡Es el día!

¡Oh instante supremo del vivir! ¡Mediodía
   completo!
Enlazando una cintura rosada, cazando con tus   15
   manos
el palpitar de unas aves calientes en el seno,
sorprendes entre labios amantes el fugitivo soplo
   de la vida,
y mientras sientes sobre tu nuca lentamente girar
   la bóveda celeste,
tú estrechas un universo que de ti no es distinto.

Apoyado suavemente sobre el soto ligero,   20
ese cuerpo es mortal, pero acaso lo ignoras.
Roba al día su céfiro: ¡no es visible, mas mira
cómo vuela el cabello de esa testa adorada!

Si sobre un tigre hermoso, apoyada, te contempla,
y una leve gacela más allá devora el luminoso   25
   césped,

14 La 1.ª versión decía "Mediodía perfecto".
17 En las ediciones de P. C. y de O. C. se hace punto al final del
   verso. La 1.ª versión decía "en los labios".
18 En las ediciones de P. C. y de O. C. aparece una coma al final
   del verso.
19 Identificación del ser humano con el universo, al igual que en
   poemas como "Adiós a los campos".
22 y 23 En la edición de O. C. han desaparecido los signos de admiración.
24 Recuerdo del poema "Diosa".

tú derramado también, como remanso bordeas
esa carne celeste que algún dios te otorgara.

Águilas libres, cóndores soberanos,
altos cielos sin dueño que en plenitud deslumbran,
brillad, batid sobre la fértil tierra sin malicia.   30
¿Quién eres tú, mortal, humano, que desnudo en
  el día
amas serenamente sobre la hierba noble?
Olvida esa futura soledad, muerte sola,
cuando una mano divina cubra con nube gris el
  mundo nuevo.

LOS BESOS *

No te olvides, temprana, de los besos un día.
De los besos alados que a tu boca llegaron.
Un instante pusieron su plumaje encendido
sobre el puro dibujo que se rinde entreabierto.

Te rozaron los dientes. Tú sentiste su bulto.   5
En tu boca latiendo su celeste plumaje.
Ah, redondo tu labio palpitaba de dicha.
¿Quién no besa esos pájaros cuando llegan,
  escapan?

Entreabierta tu boca vi tus dientes blanquísimos.
Ah, los picos delgados entre labios se hunden.   10
Ah, picaron celestes, mientras dulce sentiste
que tu cuerpo ligero, muy ligero, se erguía.

---

32 *Hierba noble.* Expresión empleada también en el verso 11 del poema "Padre mío".

 * Único poema del conjunto de *Sombra del Paraíso* que se presenta
  en estrofas isométricas.
  Hay otro poema del mismo título en el cuerpo principal del libro.
2 *Besos alados.* Todo el poema atribuye a los besos calidad de pájaros (plumaje, celeste, picos, picaron, alas, revuelan, ascienden,
  suben, cantan, el azul los adopta).

¡Cuán graciosa, cuán fina, cuán esbelta reinabas!
Luz o pájaros llegan, besos puros, plumajes.
Y oscurecen tu rostro con sus alas calientes,   15
que te rozan, revuelan, mientras ciega tú brillas.

No lo olvides. Felices, mira, van, ahora escapan.
Mira: vuelan, ascienden, el azul los adopta.
Suben altos, dorados. Van calientes, ardiendo.
Gimen, cantan, esplenden. En el cielo deliran.

CÁNTICO AMANTE
PARA DESPUÉS DE MI MUERTE

Oh diosa, ligera eras tú, como un cuerpo desnudo
que levantado en medio de un bosque brilla a
    solas.
Desnuda como una piedra dulce para el beso.
Asaeteada por el sol, esbelta en tu baño de luz que
    hierve de tu belleza,
iluminabas en redondo los laureles, los arces, los   5
    juveniles robles, los álamos ofrecidos,
sus lianas amantes
y ese rumor de hojas doradas que bajo tu inmóvil
    pie crujían como un beso continuo.

Ah, cuán poco duraste, tú eterna, para mis ojos
    pasajeros.
Yo un hombre, yo sólo un hombre que atravesó
    por mi existencia habitadora de mi cuerpo,
espíritu rapidísimo que cobró forma en el mundo,   10
mientras tú perdurabas esbelta, poderosa en tu
    delicada figura casi de piedra,

---

5 *Arce.* Árbol de la familia de las aceríneas.
6 *Lianas.* Bejuco. Planta tropical sarmentosa, de tallos flexibles y re-
sistentes que pueden usarse como ligaduras.

de carne vivacísima habitadora de los fulgores
    últimos,
porque yo te vi alta y juvenil refulgir en el bosque,
con fuego por tus venas, llameando como un sol
    para la selva ofrecida.

Pero tú no quemabas. Toda la lumbre del mundo   15
    por tus venas bajaba
y pasaba delgada como una lengua única
por el estrecho cauce de tu cintura fulgurante,
mientras los pájaros encendidos desliaban sus
    lenguas
y las fieras hermosas a tus pies se tendían
y un palio celeste de aves resplandecientes   20
daba aplauso de vuelos como una selva
    elevándose.

¡Ah, cuerpo desnudo, diosa justa, cifra de mi
    minuto,
cuerpo de amor que besé sólo un día,
vida entera de amor que acabó porque he muerto,
mientras tú resplandeces inmarchita a los hombres!

---

12 En las ediciones de P. C. y de O. C. se hace punto al final de este
   verso.
18 En la edición de 1953 se deslizó una errata: *leguas*, en lugar de
   lenguas.
19 y 20 Estos dos versos aparecen formando uno sólo en las ediciones de P. C. y de O. C.
20 *Palio*. Dosel o cobertizo.
23 En este endecasílabo anapéstico aparece la expresión *cuerpo de
   amor* que sirvió para titular un poema dentro de la parte principal del volumen. En la edición de O. C. no está acentuada la palabra *sólo*.

ÍNDICE ALFABÉTICO DE TÍTULOS

ÍNDICE ALFABÉTICO DE PRIMEROS VERSOS

ÍNDICE DE LÁMINAS

SE TERMINO DE IMPRIMIR EN
ARTES GRAFICAS GREFOL, S.A.,
EL DIA 17 DE OCTUBRE DE 1977

TÍTULOS PUBLICADOS

9 / Don Juan Manuel
EL CONDE LUCANOR
Edición, introducción y notas de José Manuel Blecua.

10 / Lope de Vega y Cristóbal de Monroy
FUENTE OVEJUNA. Dos comedias
Edición, introducción y notas de Francisco López Estrada.

11 / Juan de Valdés
DIÁLOGO DE LA LENGUA
Edición, introducción y notas de Juan M. Lope Blanch.

12 / Miguel de Cervantes
LOS TRABAJOS DE PERSILES Y SIGISMUNDA
Edición, introducción y notas de Juan Bautista Avalle-Arce.

13 / Francisco Delicado
LA LOZANA ANDALUZA
Edición, introducción y notas de Bruno M. Damiani.

14 / Baltasar Gracián
AGUDEZA Y ARTE DE INGENIO. Tomo I
Edición, introducción y notas de Evaristo Correa Calderón.

15 / Baltasar Gracián
AGUDEZA Y ARTE DE INGENIO. Tomo II
Edición, introducción y notas de Evaristo Correa Calderón.

16 / Manuel José Quintana
POESÍAS COMPLETAS
Edición, introdución y notas de Albert Dérozier.

17 / Tirso de Molina
POESÍAS LÍRICAS
Edición, introducción y notas de Ernesto Jareño.